Maestro 1

Kitamura Ayako
Durrenberger Vincent

méthode de français

Editions Asahi

Introduction

Maestro 1 est une méthode sur deux niveaux spécialement conçue pour être utilisée dans le cadre scolaire japonais et vise l'acquisition de la plupart des compétences décrites dans le niveau A1 du CECRL. Afin de correspondre à la fois au système de semestre et au système de trimestre, Maestro 1 comprend 24 leçons de quatre pages chacune, complétées par des activités de révision et de conjugaison toutes les six leçons. Selon le nombre de cours et les progrès, ces pages de révisions seront vues en cours ou données en devoir. Maestro 1 est conçu pour une utilisation avec ou sans vidéo et peut ainsi être utilisé efficacement même dans les classes qui ne sont pas dotées d'équipement vidéo.

Maestro 1 s'utilise de manière linéaire, chaque leçon commence par un exercice de compréhension globale (audio ou vidéo) : Livre fermé, les étudiants visionnent (ou écoutent) le document vidéo et répondent aux questions. La compréhension fine se fait progressivement, après avoir étudié tous les points de grammaire et le vocabulaire, par un retour sur la vidéo et la lecture de la transcription.

Maestro 1 leur donnera le maximum d'occasion d'utiliser le français en classe grâce à des activités diverses pour établir des éléments d'apprentissage ludique tout en développant les quatre compétences (écouter, lire, parler, écrire) de manière équilibrée. Durant la leçon, les étudiants sont invités à réfléchir sur les règles de grammaire ou de prononciation qu'ils doivent découvrir ou déduire par eux-mêmes en binôme et en groupe.

L'apprentissage de la lecture et de la prononciation de base du français se fait dans la première moitié du livre (leçons 1 à 12) dans la partie「フランス語のつづり字と発音」. Les leçons 13 à 24 donnent, dans la partie intitulée「発音のコツ」, des conseils pratiques et des astuces concernant la prononciation des sons les plus difficiles pour le public japonais.

« Le petit challenge » en fin de chaque leçon est une activité de réemploi. Elle donne à l'enseignant la possibilité de reprendre certains points de grammaire de la leçon à travers des textes, des activités de communication, des quiz qui ouvrent sur la culture française et francophone.

はじめに

　この教科書は、フランス語の正しい発音、文法の基礎や表現を学び、ヨーロッパ言語共通参照枠（CECRL）A1 レベルのコミュニケーション能力を身につけることを目標にしています。

　教科書は 24 課から成り、各課は 2 回の授業で終えられるように作られています。セメスター制とクオーター制の両方に対応できるよう、6 課終了ごとに Bilan（練習問題、話してみよう！、動詞の活用）が付いています。学習事項の確認や整理、あるいは試験前の復習として使って下さい。

各課の特徴

1. **ビデオ（dialogue）**：最初にビデオを見て、教師の質問や教科書の設問に答えて、大まかな理解をします。この段階ではすべてを理解する必要はありません。テキストを見ずに、聴覚、視覚、そして想像力を働かせて、必要な情報を得る力をつけましょう。文法事項や表現を学習した後に戻って、細部の聞き取りや、読み合わせを行います。

2. **文法、表現**：発見する喜びを味わい、記憶にも残りやすいように、文法ルールの多くは、学習者が自ら発見する形になっています。また、学習事項を定着させ、4 技能（聞く、読む、話す、書く）をバランスよく伸ばすために、楽しみながら行える様々なアクティビテを用意しました。特にペアワークやグループワークを多用し、クラスでフランス語を使う機会を最大限に増やしました。

3. **発音練習**：「フランス語のつづり字と発音」（1 〜 12 課）では、フランス語を正しく読むためのルールを学びます。「発音のコツ」（13 〜 24 課）では、日本人が発音しにくい音に焦点を当て、発音のコツを学び、効率よく練習します。

4. **Le petit challenge**：文化的要素を取り入れたある程度の長さの文章や資料を読んだり、文章を書く練習に挑戦します。より実践に近い形でフランス語を使って、フランス語力を更に伸ばすと共にフランス語圏の文化にも触れましょう。

　この教科書を使われるみなさんが、フランス語を学ぶ喜びを味わい、異文化理解を深めて下さることを願っています。そして最後になりましたが、この教科書を出版する機会を与えて下さいました朝日出版社の山田敏之氏と石井真奈氏に心からお礼申し上げます。

Table des matières

準拠 HP はこちら

https://text.asahipress.com/text-web/france/maestro1/index.html

Premiers contacts
初めてのフランス語

1 Dialogue

1a 本を閉じて、聞こえたことばを繰り返しましょう。
Livre fermé, répétez ce que vous entendez.

1b 吹き出しと situation を結びつけましょう。
Associez les bulles ci-dessous aux situations.

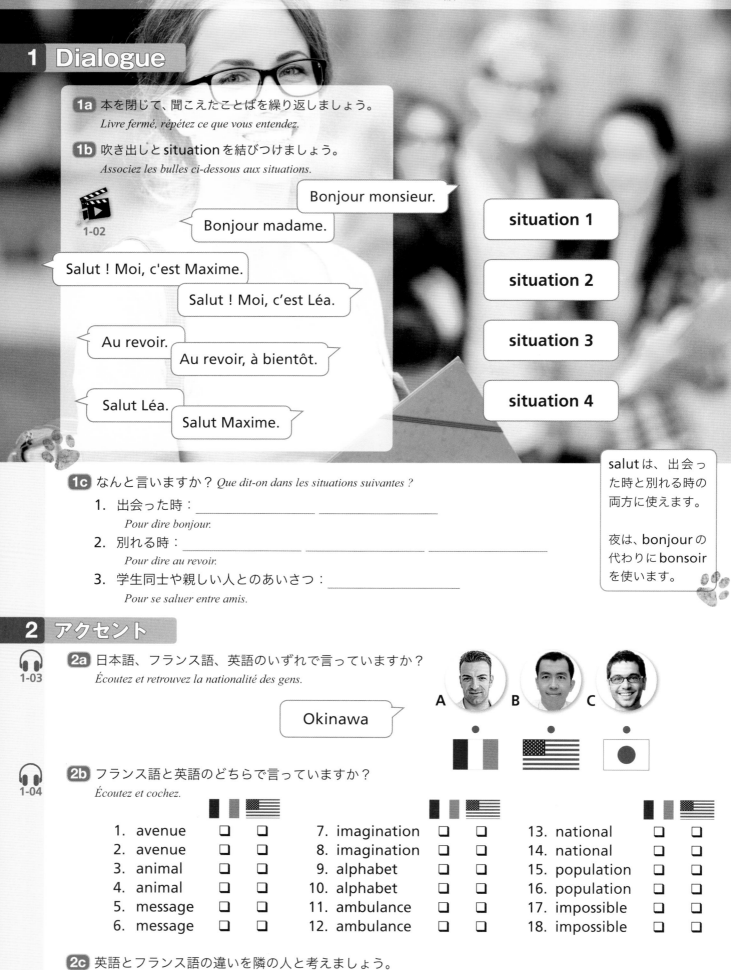

1-02

Bonjour monsieur.

Bonjour madame.

Salut ! Moi, c'est Maxime.

Salut ! Moi, c'est Léa.

Au revoir.

Au revoir, à bientôt.

Salut Léa.

Salut Maxime.

situation 1

situation 2

situation 3

situation 4

1c なんと言いますか？ *Que dit-on dans les situations suivantes ?*
1. 出会った時：＿＿＿＿＿＿＿＿＿ ＿＿＿＿＿＿＿＿＿
   Pour dire bonjour.
2. 別れる時：＿＿＿＿＿＿＿＿＿ ＿＿＿＿＿＿＿＿＿＿＿ ＿＿＿＿＿＿＿
   Pour dire au revoir.
3. 学生同士や親しい人とのあいさつ：＿＿＿＿＿＿＿＿＿
   Pour se saluer entre amis.

> salut は、出会った時と別れる時の両方に使えます。
>
> 夜は、bonjour の代わりに bonsoir を使います。

2 アクセント

2a 日本語、フランス語、英語のいずれで言っていますか？
Écoutez et retrouvez la nationalité des gens.

1-03

Okinawa

A   B   C

2b フランス語と英語のどちらで言っていますか？
Écoutez et cochez.

1-04

1. avenue	☐	☐	7. imagination	☐	☐	13. national	☐	☐
2. avenue	☐	☐	8. imagination	☐	☐	14. national	☐	☐
3. animal	☐	☐	9. alphabet	☐	☐	15. population	☐	☐
4. animal	☐	☐	10. alphabet	☐	☐	16. population	☐	☐
5. message	☐	☐	11. ambulance	☐	☐	17. impossible	☐	☐
6. message	☐	☐	12. ambulance	☐	☐	18. impossible	☐	☐

2c 英語とフランス語の違いを隣の人と考えましょう。
Quelles différences remarquez-vous entre le français et l'anglais ? Réfléchissez et expliquez à votre voisin.

2d フランス語の単語を聞いて、アクセントのある音節に下線を引きましょう。そして、フランス語の
🎧 アクセントの位置と種類について確認しましょう。*Écoutez et indiquez où se trouve l'accent tonique en français.*
1-05

Exemple : anim**a**l

avenue ❖ imagination ❖ alphabet ❖ national ❖ population

2e アクセントはどこにありますか。正しいものを選びましょう。
🎧 *Où sont les accents toniques ? Écoutez et choisissez la réponse correspondante.*
1-06

A	B	C
1. ❑ sal<u>ut</u>	❑ sal<u>ut</u>	
2. ❑ <u>bon</u>jour	❑ bon<u>jour</u>	
3. ❑ C'est <u>Lu</u>cie.	❑ C'est Lu<u>cie</u>.	❑ C'est <u>Lu</u>cie.
4. ❑ Au re<u>voir</u>, à bien<u>tôt</u>	❑ Au <u>re</u>voir, à bien<u>tôt</u>	❑ Au revoir, à <u>bien</u>tôt

> フランス語のアクセントは、意味のまとまりを持った「リズムグループ」の最後の母音にあります。

3 アルファベ・記号

3a アルファベと記号をリピートしましょう。
🎧 *Écoutez et répétez.* (♪1-07)

A	B	C	D	E	F	G	H	I	J	K
a	be	se	de	ə	ɛf	ʒe	aʃ	i	ʒi	ka

L	M	N	O	P	Q	R	S	T
ɛl	ɛm	ɛn	o	pe	ky	ɛr	ɛs	te

U	V	W	X	Y	Z
y	ve	dubləve	iks	igrɛk	zɛd

´	accent aigu	é
`	accent grave	è à ù
^	accent circonflexe	ê â î ô û
¨	tréma	ë ï ü
¸	cédille	ç

3b 次の文字を読みましょう。
Lisez les sigles ci-dessous.

NHK UG JR NY RER XL CIA

3c 都市の名前を書き取りましょう。
🎧 *Écoutez et écrivez le nom des villes.* (♪1-08)

1. _____ 2. _____
3. _____ 4. _____

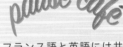
pause café

> フランス語と英語には共通の単語がたくさんあり、英語の3分の1の単語はフランス語由来だと言われています。例えば、bible, artisan, action などは、両言語とも同じ意味で使われ、vrais-amis（真の友人）と呼ばれています。しかし、形は似ていても違った意味を持つ語、faux-amis（偽の友人）もあるので注意が必要です。例えば、car はフランス語では「車」ではなく、「バス」を意味します。

3d できるだけ多くのクラスメートと自己紹介をしましょう。
💬 *Présentez-vous en français à plusieurs camarades.*

A : Bonjour. Moi, c'est Louise. L.O.U.I.S.E.
B : Bonjour. Moi, c'est Didier. D.I.D.I.E.R.
A : Au revoir.
B : Au revoir.

Bonjour. Moi, c'est Louise. L.O.U.I.S.E.

1

4 数 1〜6

4a 数をリピートし、右の選択肢から正しいスペルを選びサイコロの下に書きましょう。
Écoutez, répétez puis complétez.

| un | | | | cinq | |

選択肢

six　quatre
deux　trois

4b このページにある犬の足跡の数、次に写真の数を数えましょう。
Comptez les traces de patte de chien présentes sur la page, puis comptez les photos.

5 名詞の性

garçon (*m.*)　téléphone (*m.*)　fille (*f.*)　tablette (*f.*)

f. : féminin　女性形
m.: masculin　男性形

🖈 すべての名詞は、男性名詞か女性名詞に分かれます。
生物学的な性別を持つものは、それとほぼ対応しています。
無生物を表す名詞にも文法上の性があります。1つ1つ覚えましょう。

6 不定冠詞（1）un, une

🖈 聞き手に特定されていない人や物を表すときに使います。

un garçon　un téléphone

une fille　une tablette

6a 不定冠詞の表に un と une を入れ、表を完成させましょう。 *Complétez par un / une.*

不定冠詞	
m.	
f.	

6b 音声を聞き、masculin か féminin をチェックしましょう。 *Écoutez et cochez la case correspondante.*
Exemple : un président

	Ex.	1	2	3	4	5	6
m.	☑	☐	☐	☐	☐	☐	☐
f.	☐	☐	☐	☐	☐	☐	☐

6c 音声を聞き、不定冠詞 un もしくは une を入れましょう。 *Écoutez et complétez.*
Exemple : ***une*** tomate

1. _____ musicien　5. _____ journaliste
2. _____ lampe　6. _____ banane
3. _____ café　7. _____ table
4. _____ sac　8. _____ massage

名詞の性別は、不定冠詞
un, une で聞き取れます。

7 母音字の読み方

7a スペルを見ながら音声を聞いて繰り返しましょう。
 Observez attentivement et répétez. (♪1-12)

1 **a à â**
日本語の「ア」に近い音です。
koala Oh là là pâté

4 **u û**
唇を丸めて [i] を発音します。
tulipe tutu sûr

5 **é**
狭い「エ」。日本語の「エ」より唇を横に引き、舌の前方を上あごに近づけます。
café mémo télévision

2 **i î y**
日本語の「イ」より唇を横に引き、舌の前方を上あごにグッと近づけます。
mini île pyjama

6 **è ê ë**
広い「エ」。狭い「エ」より口を少し広めに開けます。
père fête Noël

3 **o ô**
唇を丸めて「オ」を発音します。
octobre passeport hôtel

7 **e**
[ə]と読むときと、[e]と読むときがあります。
menu demi
le je ce de   message
[ə]   [e]

7b 以下の単語を読み、音声を聞いて確認しましょう。
 Lisez puis vérifiez à l'aide de l'enregistrement. (♪1-13)

1. typé 2. logo 3. stylo 4. kilo 5. cinéma 6. ami
7. sac 8. animal 9. global 10. tunnel 11. micro 12. hôpital

8 Le petit challenge

8a 数を読みましょう。
Lisez les chiffres ci-dessous.

1 2 3 4 5 6 4 2 3 4 4 2 1
4 5 6 5 4 3 2 1 2 1 4 3 5
4 6 5 4 5 2 6 1 3 2 5 4 3
2 1 2 3 4 5 6 5 4 3 2 1 5

8b アルファベの歌を歌いましょう。
Écoutez et chantez la chanson de l'alphabet.

https://text.asahipress.com/text-web/france/maestro1/alphabet.html

8c 吹き出しにフランス語を入れましょう。
Traduisez en français et complétez les bulles.

1.
2. やあ！
3. こんばんは。
4.

こんにちは、ナナです。
またね。

さよならマダム。

2 se présenter
国籍、職業、出身地を言う

1 Dialogue

1a 本を閉じて、聞き取れた単語を言いましょう。
Livre fermé, écoutez attentivement et prenez des notes. 1-14

Maxime : Tu es chinois, Ken ?

Ken : Non, je suis japonais. Je suis de Tokyo.

Maxime : Et toi, Camille ? Tu es française ?

Camille : Oui, je suis de Paris.
　　　　　 Et toi, Maxime ?

Maxime : Moi aussi, je suis français. Je suis de Nice.
　　　　　 Tu es étudiant, Ken ?

Ken : Non, je suis journaliste. Et toi ?

Maxime : Moi, je suis étudiant. Et toi, Camille ?

Camille : Moi, je suis comédienne.

Ken : Comédienne ?

1b 表を埋めましょう。
Complétez.

	国籍 la nationalité	出身地 ville
Maxime		
Camille		
Ken		

1c 誰のセリフですか。
Associez.

Maxime ☐ 　　 ☐ Je suis comédienne.

Camille ☐ 　　 ☐ Je suis étudiant.

Ken ☐ 　　 ☐ Je suis journaliste.

2 主語人称代名詞

1-15

2a リピートしましょう。 *Répétez.*

		単数 singulier		複数 pluriel
1人称	je	私は	nous	私たちは
2人称	tu	君は	vous	あなたは／あなたたちは／君たちは
3人称	il	彼は／それは (*m.*)	ils	彼らは／それらは (*m.*)
	elle	彼女は／それは (*f.*)	elles	彼女たちは／それらは (*f.*)

2b
3人称で男女が混ざっている場合、ils, elles のどちらを使いますか？
Lorsqu'un groupe est composé de garçons et de filles utilise-t-on « ils » ou « elles » ?

2c tu と vous の違いはなんですか？ *Quelle est la différence entre « tu » et « vous » ?*

3 動詞 être

1-16

3a 活用をリピートして覚えましょう。
Écoutez, répétez puis mémorisez la conjugaison.

ÊTRE （〜です）			
je	suis	nous	sommes
tu	es	vous	êtes
il	est	ils	sont
elle	est	elles	sont

3b Être を適切な形に活用させて文を完成させましょう。
Complétez par le verbe « être ».

1. Marie _____ française.
2. Tu _____ journaliste ?
3. Alain _____ étudiant.
4. Je _____ japonais.

> フランス語の動詞はすべて、主語の人称と数によって活用します。

4 国籍

4a 国籍のリストをリピートし、ペアの相手と日本語訳を書きましょう。*Répétez et traduisez la liste.*
🎧 1-17

4b 国籍の表を見て、女性形を作る規則を見つけ、下の表を完成させましょう。*Observez la liste des nationalités, déduisez la règle pour le féminin.*

国籍 la nationalité

♂	♀	
japonais	japonaise	⊡ 日本の
français	française	
anglais	anglaise	
chinois	chinoise	
américain	américaine	
coréen	coréenne	
suisse	suisse	

女性形の作り方

原則	男性形＋ __________	japonais → japonaise
男性形が en で終わっている場合	男性形＋ __________	coréen → coréenne
男性形が e で終わっている場合	______________	suisse → suisse

4c 音声を聞いて、国籍が男性形、女性形、あるいはわからないにチェックしましょう。
🎧 1-18 *Écoutez les nationalités et cochez.*

	1	2	3	4	5	6	7	8
masculin	❑	❑	❑	❑	❑	❑	❑	❑
féminin	❑	❑	❑	❑	❑	❑	❑	❑
わからない	❑	❑	❑	❑	❑	❑	❑	❑

4d 以下の人々を紹介しましょう。
💬 *Retrouvez le nom et la nationalité des personnes ci-dessous.*

Exemple : C'est Napoléon. Il est français.

- Napoléon
- Louis XIV
- Sōseki Natsume
- Sherlock Holmes
- Abraham Lincoln
- Mao Zedong

4e 4d の選択肢から 1 人選びます。例にならって、ペアの相手はその人の国籍を当てましょう。
💬 *À l'aide des photos 4d, faites des variations selon le modèle.*

A : Il est anglais ?
B : Non.
A : Il est chinois ?
B : Non.
A : Il est français ?
B : Oui, il est français. C'est Napoléon.

4f 好きな国籍を選んでください。ペアの相手は、例にならってその国籍を当ててください。
💬 *Choisissez une nationalité et faites des variations selon le modèle.*

Exemple:

A : Tu es français(e) ?
B : Non.
A : Tu es américain(e) ?
B : Non.
A : Tu es japonais(e) ?
B : Oui, je suis japonais(e)

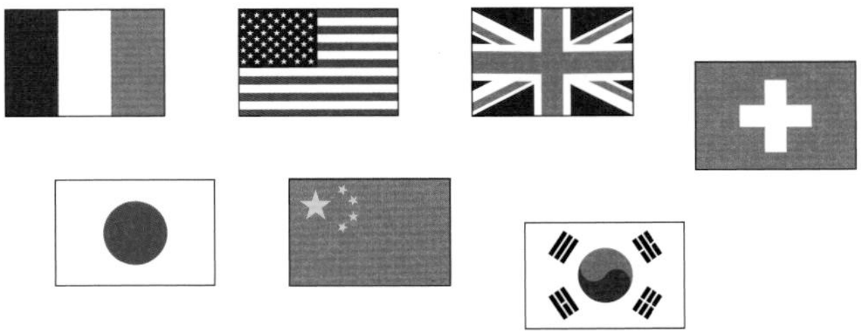

2

5 職業

5a リストの職業を写真の下に書きましょう。*Écrivez les professions sous les photos.*

musicienne ❖ étudiant ❖ journaliste ❖ assistante ❖ professeur

 Nathalie
 Stéphane
 Marion
 Nina
 Lucas

_____ _____ _____ _____ _____

1-19

5b 職業の表に女性形を書きましょう。続いて音声を聞いて確認し、リピートしましょう。職業の女性形の作り方は、国籍と同じです。*Complétez la liste des professions.*

職業 - la profession

👨	👩
étudiant	étudiante
assistant	
professeur	
auteur	auteure
employé	employée
musicien	
comédien	
journaliste	

5c ペアの相手と、5a の人物の名前と職業を言いましょう。*Présentez les personnages de l'activité 5a.*

C'est Nathalie. Elle est journaliste.

5d (3人で) 好きな名前、国籍、職業を選んでください。残りの2人が記者になって、国籍や職業を尋ねましょう。*Faites des variations selon le modèle.*

A : Bonjour ! Moi, c'est Sophie.
B : Bonjour Sophie. Vous êtes américaine ?
A : Non, je suis anglaise.
C : Vous êtes professeure ?
A : Oui, je suis professeure.
B : Merci Sophie.

pause café

professeur, auteur は、かつては男性形しか存在しない職業名で、女性にも男性形を使っていましたが、最近では、e をつけた女性形を使うようになりました。

6 出身地

être de ＋都市名

Je suis de Paris.

6a 名前と出身地を結びつけて、文を作りましょう。*Associez les prénoms aux villes puis faites des phrases.*

| Haru | Tokyo | Haru est de Tokyo.

1. _____
2. _____
3. _____
4. _____

| Vladimir | Tang Lee | Mario | Céline |
| Paris | Moscou | Rome | Pékin |

moi, toi, nous は、代名詞の強勢形です。aussi の前や、et の後、対比させたいときに使います。

6b 周りの人に出身地を言いましょう。*Dites votre ville d'origine à votre voisin.*

A : Je suis de Kyoto.
B : Moi aussi, je suis de Kyoto. /
Moi, je suis de Sapporo.

6c 立って、クラスの人と話しましょう。同じ出身地なら同じグループになります。*Levez-vous, dites votre ville d'origine et rassemblez-vous par ville d'origine.*

A : Je suis de Fukuoka.
B&C : Nous aussi, nous sommes de Fukuoka.
　→ 同じグループになる
B&C : Nous, nous sommes de Yokohama.
　Au revoir.
　→ 別れる

6d 3人の国籍、職業、出身地を聞き取りましょう。*Écoutez et complétez.*

1-20

	PRÉNOM	NATIONALITÉ	PROFESSION	VILLE
1.	Lucas			
2.	Yong-He			
3.	Rose			

7 | 語末の子音字 / 語末の e の読み方

7a 以下の語をリピートして、①の発音規則を完成
 させましょう。

1-21 *Écoutez et répétez. Choisissez la règle ① correspondante.*

1. français　　2. chinois　　3. ils
4. restaurant　5. salut　　6. étudiant

> **① 発音の規則**
> 語末の子音字は、原則として
> **発音する・発音しない**

7b 以下の語をリピートして、②の発音規則を完成
 させましょう。

1-21 *Écoutez et répétez. Choisissez la règle ② correspondante.*

1. suisse　2. madame　3. lampe
4. Marie　5. quatre　6. téléphone

> **② 発音の規則**
> 語末の e は、
> **発音する・発音しない**

例外 CRFL
sac
bonjour
neuf
espagnol

8 | 数 1 ~ 10

8a 数をリピートしましょう。
 Écoutez et répétez les nombres. (♪1-22)

un	deux	trois	quatre	cinq
six	sept	huit	neuf	dix

8b 聞こえた数を書きましょう。
 Écoutez et écrivez les nombres. (♪1-23)

a. _____　b. _____　c. _____
d. _____　e. _____　f. _____

8c 引き算をしてください。*Dites l'opération à haute voix. Votre voisin dit la solution.*

 A : 9 – 2 = (neuf moins deux)　　B : 7 (sept)

1. 10 – 7 = _____　2. 5 – 1 = _____　3. 6 – 4 = _____
4. 8 – 2 = _____　5. 3 – 2 = _____　6. 9 – 7 = _____

> 語末の t, s, x は、本来
> 発音しませんが、数の
> 場合は発音することが
> あります。
> sept, huit, six, dix

9 | Le petit challenge

テキストを読んで、写真と結びつけましょう。

Associez les textes aux illustrations.

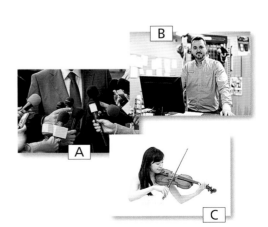

——— 2 ———
Li est musicienne. Elle est
de Pékin. Elle est chinoise.

——— 1 ———
Jonathan est américain.
Il est de San Francisco.
Il est journaliste.

——— 3 ———
Bonjour ! Moi, c'est Victor. Je
suis suisse. Je suis employé.
Je suis de Berne. À bientôt !

3 Parler de soi et des autres 1

話せる言語、専攻、好きなことを言う

1 Dialogue

1a 本を閉じて、聞こえた単語を言いましょう。 *Livre fermé, écoutez attentivement et prenez des notes.* **1-24**

Dialogue 1 :

A : Est-ce que tu étudies la sociologie ?

B : Non, moi, j'étudie l'économie. Et toi ?

Dialogue 2 :

A : Est-ce que tu parles le japonais ?

B : Oui, je parle le japonais et l'anglais.
　　Et toi ?

A : Moi, je parle l'espagnol.

Dialogue 3 :

A : Est-ce que tu aimes le sport ?

B : Oui, j'aime le tennis. Et toi ?

A : Moi aussi.

1b セリフと dialogue を結びつけましょう。 *Écoutez à nouveau les trois dialogues et associez les bulles aux dialogues.*

> Est-ce que tu aimes le sport ?

> J'étudie l'économie.　　J'aime le tennis.

> Je parle le japonais et l'anglais.

> Est-ce que tu parles le japonais ?

> dialogue 1　　dialogue 2　　dialogue 3

> Est-ce que は、日本語の「～か？」にあたります。疑問文を作るとき、文頭につけます。

1c フランス語でなんと言いますか。上の吹き出しを参考に考えましょう。 *Traduisez en français.*

1. 私は日本語と英語を話します。　:　_____

2. 私は経済学を勉強しています。　:　_____

3. 君はスポーツが好きですか。　　:　_____

1d 1c の各文の動詞に下線を引きましょう。

Soulignez les verbes de l'exercice 1c.

2 動詞 -er（1）

 1-25

2a danser と étudier の活用をリピートして、発音しない語尾に下線を引きましょう。

Répétez la conjugaison de « danser » et « étudier ». Puis soulignez les terminaisons non prononcées.

DANSER （踊る）			
je	danse	nous	dansons
tu	danses	vous	dansez
il / elle	danse	ils / elles	dansent

ÉTUDIER （勉強する）			
j'	étudie	nous	étudions
tu	étudies	vous	étudiez
il / elle	étudie	ils / elles	étudient

> フランス語の多くの動詞は不定詞が -er で終わり、語尾が規則的に活用します。
> « danser, parler, aimer, étudier… »

2b parler と aimer の活用を書きましょう。

Écrivez la conjugaison de « parler » et « aimer ».

2c 主語代名詞 je が j' になるのはどのようなときか、考えましょう。 → 5 エリズィオン参照

Réfléchissez à la question suivante : Quand est-ce que le pronom sujet « je » devient « j' » ?

> s. : singulier　単数形
> pl.: pluriel　　複数形

2d aimer と étudier の活用をリピートし、nous, vous, ils の活用で気づいたことを話し合いましょう。

→ 5 リエゾン参照　*Répétez la conjugaison de « aimer » et « étudier ». Que remarquez-vous pour « nous, vous, ils »? (♪1-26)*

2e 主語が単数、複数、あるいは不明であるか
チェックしましょう。*Écoutez et cochez.*

1-27

	1	2	3	4	5
singulier					
pluriel					
わからない					

2f 動詞を適切な形に活用させ、文を完成させましょう。
Conjuguez.

1. Tu ＿＿＿＿＿＿ (parler) le chinois ?
2. Lola ＿＿＿＿＿＿ (aimer) l'italien.
3. Alice et Noël ＿＿＿＿＿＿ (aimer) la danse.
4. Est-ce que vous ＿＿＿＿＿＿ (étudier) le français ?
5. Nous ＿＿＿＿＿＿ (étudier) l'économie.

3　定冠詞

📌 聞き手が特定できる人や物、総称を表すときに使います。

> ⚠️母音や無音の h
> で始まる語の前で
> le, la は l' になる。

	s.	*pl.*
m.	le(l')	les
f.	la(l')	

Tu étudies la sociologie ?
J'aime le café.
Nous parlons le coréen et l'espagnol.
Le soleil est jaune.

PARLER

1 話せる言語を言う
とき、定冠詞を入れな
いこともあります。
Je parle espagnol.
Je parle français.

2 言語は国籍と同じ
形で、常に男性形です。
（p.11参照）

3a 定冠詞 le, la, l' を入れましょう。
Complétez par « le, la, l' »

1. ＿＿ anglais　　4. ＿＿ téléphone
2. ＿＿ garçon　　5. ＿＿ fille
3. ＿＿ tablette　　6. ＿＿ économie

3b 例にならって、話せる言語を言いましょう。
Faites des variations selon le modèle.

A : Est-ce que tu parles l'anglais ?
B : Je parle l'anglais et l'espagnol.
A : Moi, je parle le français et le chinois.

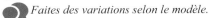
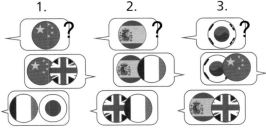
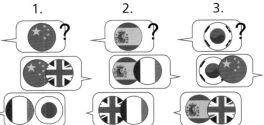

3c 例にならって、専攻を言いましょう。
Faites des variations selon le modèle.

A : Est-ce qu'elle étudie **l'histoire** ?
B : Non, elle étudie **la psychologie**.

✕ elle

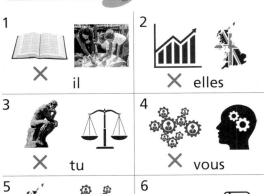

1　✕ il
2　✕ elles
3　✕ tu
4　✕ vous
5　✕ elle
6　✕ ils

l'économie

la littérature

la sociologie

la psychologie

l'anglais

le droit

l'histoire

la philosophie

les sciences
de l'éducation

3

15

3

4 名詞の複数形

4a リストを見て、複数形を作る規則を完成させましょう。 *Observez la liste puis complétez la règle.*

s.	pl.
chien	chiens
chat	chats
orange	oranges
gâteau	gâteaux
bateau	bateaux
matelas	matelas

原則	単数形 + _____	chien → chiens
eau で終わっている語	単数形 + _____	gâteau → gâteaux
s, x, z で終わっている語	_____	matelas → matelas quiz → quiz

 4b 例にならって、自分の好きなことを言いましょう。
Faites des variations.

> 好き嫌いを言うとき、数えられないものは単数形、数えられるものは複数形を使います。

Exemple :

A : Est-ce que tu aimes le sport ?
B : Oui, j'aime le baseball. Et toi ?
A : Moi, j'aime la natation.

le sport : le tennis ❖ le ski ❖ le baseball ❖ le foot ❖ le vélo ❖ la natation ❖ la danse
la musique : la musique classique ❖ la pop ❖ le jazz ❖ le hip-hop ❖ le R and B ❖ le rock
les fruits : les oranges ❖ les pommes ❖ les bananes

 4c 紹介を聞いて表を埋めましょう。 *Écoutez et complétez.*
1-28

名前 / PRÉNOM	国籍 /NATIONALITÉ	職業 / PROFESSION	言語 / LANGUES	専攻 / MATIÈRE	好きなこと / GOÛT
Mario					
Cécilia					
Éric Louis					

 4d 例にならって、4c の人たちを紹介しましょう。
Présentez les personnes de l'exercice 4c. Aidez-vous du modèle ci-dessous.

C'est Julie. Elle est belge et elle est étudiante. Elle parle l'anglais et le russe. Elle étudie la philosophie. Elle aime le café et les oranges. Et comme sport, elle aime la natation.

4e クラスメート3人に質問して、表を埋めましょう。
Posez des questions à 3 camarades puis complétez le tableau.

Est-ce que tu es coréen ? **Est-ce que** tu es professeur ? …

	NATIONALITÉ	PROFESSION	LANGUES	MATIÈRE	GOÛT
1.					
2.					
3.					

5 エリズィオン、リエゾン、アンシェヌマン

エリズィオン *élision*

母音または無音の h で始まる語が続くと、ある種の語において、最後の母音字が脱落してアポストロフになる現象。

× je étudie → ○ j'étudie
× la économie → ○ l'économie
× le hôtel → ○ l'hôtel

エリズィオンを起こす語：
je le la ne de
que me te se ce

5a 必要ならエリズィオンさせましょう。
Faites l'élision si nécessaire.

1. je aime　　2. elle aime　　3. je habite
4. tu étudies　　5. je parle　　6. je étudie

リエゾン *liaison*

単語の最後の「本来発音されない子音字」が、母音または無音の h で始まる次の語の母音と結びついて発音される現象。

deux‿avenues　trois‿hôtels　vous‿êtes　ils‿aiment　un grand‿ami
[z]　　　　[z]　　　　[z]　　　[z]　　　　[t]

5b リエゾンに気をつけて読みましょう。
Lisez en faisant attention à la liaison.

1. nous étudions　　2. vous aimez
3. deux oranges　　4. trois amis

アンシェヌマン *enchaînement*

単語の最後の「発音される子音」が、母音または無音の h で始まる次の語の初頭に移動する現象。

il est　　　　　elle est　　　　　cinq étudiants
[il ɛ] → [i lɛ]　[ɛl ɛ] → [ɛ lɛ]　[sɛ̃k etydjɑ̃] → [sɛ̃ ketydjɑ̃]

5c アンシェヌマンに気をつけて読みましょう。
Lisez en faisant attention à l'enchaînement.

1. il aime　　　　2. elle étudie
3. sept hôtels　　4. Bonjour Émilie.

6 Le petit challenge

Hugo のメールを読んで、返事を書きましょう。
Lisez l'e-mail de Hugo et écrivez la réponse.

De : Hugo Bogosse
Objet : correspondant japonais

Bonjour, je m'appelle Hugo. Je suis suisse, je suis de Genève. Je suis étudiant en économie à l'université de Lausanne. J'aime la natation et le foot ! Je suis fan de Manchester United. Je parle le français et l'anglais. J'adore le Japon, alors j'étudie le japonais depuis trois mois. Je cherche un correspondant japonais. À bientôt !
Hugo.

À : Hugo Bogosse
Objet : Re : correspondant japonais

17

Parler de soi et des autres 2

住んでいる国や都市を言う、否定する

1 Présentations 🎧  1-29

1a 本を閉じて、聞こえた国と都市を言いましょう。
Livre fermé, notez les pays et les villes entendus.

> Bonjour, je m'appelle Lisa. Je suis anglaise. J'habite en Espagne à Madrid. Je suis étudiante. Je parle le français et l'espagnol.

> Bonjour, je m'appelle Ken. Je suis japonais. J'habite à Boston aux États-Unis. Je parle l'anglais, le français et le chinois.

> Salut ! Moi, c'est Moussa. J'habite à Dakar au Sénégal. Je suis sénégalais. Je suis de Dakar. Je suis étudiant. Je parle le français et l'anglais.

> Salut ! Moi, c'est Claire. J'habite en Angleterre à Londres. Je ne suis pas anglaise, je suis française. Je parle l'italien et l'anglais.

1b 人物と住んでいる国や都市を結びつけましょう。
Associez les villes et les pays aux photos.

| Madrid | Dakar | Boston | Londre |

 MOUSSA KEN LISA CLAIR

| Espagne | Sénégal | États-Unis | Angleter |

1c リストから国名と都市を選び、表に入れましょう。
Complétez le tableau par les villes et les pays de la liste.

New York ❖ Montréal ❖ Rio ❖ Madrid ❖ Séoul ❖ Pékin ❖ Londres ❖ Dakar ❖ Marseille

🇺🇸 les États-Unis ⚫ le Japon 🇨🇦 le Canada le Sénégal 🇧🇷 le Brésil

🇫🇷 la France 🇬🇧 l'Angleterre 🇪🇸 l'Espagne la Chine 🇰🇷 la Corée

国籍 / nationalité	国名 / pays	都市 / ville	国籍 / nationalité	国名 / pays	都市 / ville
japonais		Tokyo	américain		
français			canadien		
chinois			coréen		
anglais			espagnol		
sénégalais			brésilien		

1d 国名の性別（masculin / féminin）は、スペルから予測がつきます。ペアで考えましょう。
En observant l'orthographe des noms de pays, on peut savoir si un pays est masculin ou féminin. Quelle est la règle ? Réfléchissez par groupes de deux.

2 国名の前の前置詞

2a 音声を聞いて、下線部を埋めましょう。*Écoutez et complétez.*

🎧 1-30

à	au
en	aux

1. J'habite _____ *en* _____ France, _____ Marseille.
2. J'habite _____ Angleterre, _____ Londres.
3. J'habite _____ Sénégal, _____ Dakar.
4. J'habite _____ États-Unis, _____ New York.

2b 2aを参考に、国や都市の前の前置詞についての規則を考えましょう。*Réfléchissez et complétez.*

前置詞		国／都市
_____	+	女性形の国名、母音始まりの男性形の国名
_____	+	子音始まりの男性形の国名
_____	+	複数形の国名
_____	+	都市名

2c 音声を聞いて下線部を埋めましょう。*Écoutez et complétez.*

🎧 1-31

1. Elle _____ Suisse.
2. Tu _____ Canada.
3. Nous _____ États-Unis.
4. Ils _____ Sénégal.
5. Je _____ Lyon.
6. Vous _____ Tokyo.

2d 適切な語をリストから選び、文を完成させましょう。*Complétez par « à, en, au, aux ».*

à	en	au	aux

1. Paul habite _____ États-Unis, _____ Los Angeles.
2. Nous travaillons _____ Canada, _____ Montréal.
3. Vous habitez _____ Pékin, _____ Chine.
4. Je travaille _____ Genève, _____ Suisse.
5. Claire étudie _____ Rio, _____ Brésil.

2e 以下の建造物がどの国にあるか言いましょう。*Regardez les photos. Dites où se trouvent les lieux ci-dessous.*

Exemple : C'est à Vancouver. C'est au Canada.

2f 以下の人たちの紹介を書きましょう。*Écrivez des phrases selon l'exemple.*

Rafa
Madrid

Greg — Paris
Mina — Tokyo
Paula — Londres
Li — Pékin

Exemple :
Rafa habite en Espagne, à Madrid. Il est espagnol.

Greg : _____
Mina : _____
Paula : _____
Li : _____

2g 2fにならって、3人の有名人を紹介しましょう。
Présentez trois célébrités selon le modèle de l'exercice 2f.

4

3 否定

3a 会話を聞いて、規則を完成させましょう。
Écoutez le dialogue, déduisez la règle puis complétez le tableau.
1-32

A : Est-ce que tu parles l'italien ?
B : Non, je **ne** parle **pas** l'italien. Mais je parle l'espagnol.
A : Est-ce que tu aimes le café ?
B : Non, je **n'**aime **pas** le café. Mais j'aime le thé.

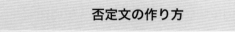

否定文の作り方

主語　＋　_____ 動詞 _____ ．

3b いつ « n' » を使いますか？ペアの相手に説明しましょう。
Pourquoi « n' » ? Expliquez à votre voisin.

pause café

フランス語話者の数は世界で増加しています。フランス語話者がもっとも多いのはアフリカで、1億5千万人。続いてヨーロッパの1億人となっています。世界のフランス語話者は今後30年間で2億7400万人から7億人に増加するとフランコフォニー国際機関は予測しています。

3c 否定文に書き換えましょう。
Écrivez les phrases à la forme négative.

1. Je suis professeur.
2. Céline est anglaise.
3. Nous étudions à Lyon.

3d 質問に答えましょう。
Répondez aux questions ci-dessous.

1. Est-ce que tu es espagnol ?
2. Est-ce que tu parles l'italien ?
3. Est-ce que tu habites au Brésil ?

3e parler, aimer, habiter, être を否定形で活用させましょう。
Conjuguez les verbes « parler, aimer, habiter, être » à la forme négative.

3f ペアでそれぞれAかBを選び、お互いに質問をして表を埋めましょう。
Par groupe de deux, posez-vous des questions, répondez et complétez les tableaux.

A : **Est-ce que Noémie** est japonaise ？ B : Non, elle n'est pas japonaise. Elle est espagnole.
A : **Est-ce que Noémie** habite en Espagne ？ B : ...

A

	nationalité	pays
Noémie		
Paul	🇺🇸	Chine
Clara		
Naoto	🇺🇸	Japon
Frédéric		
Mayu	🇯🇵	Angleterre

	nationalité	pays
Noémie	🇦🇷	Espagne
Paul		
Clara	🇧🇷	Italie
Naoto		
Frédéric	🇫🇷	France
Mayu		

B

4 数 11 ～ 20

1-33

4a 数をリピートし、下線部を埋めましょう。*Écoutez et complétez.*

11 onze
12 _____
13 treize
14 _____
15 _____
16 _____
17 dix-sept
18 dix-huit
19 _____
20 _____

douze　quinze

seize　quatorze

vingt　dix-neuf

4b 聞こえた式を書きましょう。
Écoutez et complétez.
1-34

Exemple : (dix-huit moins trois) 18 - 3
1. _____
2. _____
3. _____
4. _____

4c （4人で）1人が引き算の式を言い、他の人が解答します。早く答えた人が次に出題します。
Formez des groupes de 4. Une personne propose une opération.
Le premier qui répond propose à son tour une opération.

20−11 = ？
vingt moins onze ?

10
dix

20

5 複母音字の読み方

5a スペルを見ながら音声を聞いて繰り返しましょう。

🎧 *Écoutez en observant attentivement l'orthographe des mots du tableau puis répétez.*

1-35

文字	例	発音	
ai aî ei	parfait s'il vous plaît beige	[ɛ]	[ɛ] は、口を広めに開けて発音する「エ」です。
ou où oû	soupe où goût	[u]	唇を丸めて、舌をぐっと奥に引いて発音します。
au eau	restaurant café au lait gâteau	[o]	唇を丸めて「オ」を発音します。
oi	moi toi accessoire foie gras	[wa]	[w] で唇をしっかり丸めた後、[a] で唇を大きく開きます。
eu œu	deux neuf sœur	[ø][œ]	[ø] は、唇をめくるように前に突き出し、唇と舌の前方で細長い筒を作るようにして出します。[œ] は、[ø] より口を広めに開けて発音します。

5b 以下の単語を読み、音声を聞いて確認しましょう。 *Lisez les mots ci-dessous puis vérifiez avec l'enregistrement.*

🎧
1-36

1.	**2.**	**3.**	**4.**	**5.**
café au lait	neige	Toulouse	château	œuf

6.	**7.**	**8.**	**9.**	**10.**
deux	petit pois	voiture	auto	couleur

6 Le petit challenge

6a ペアの相手とテキストを読み、意味を考えましょう。

Réfléchissez au sens du texte ci-dessous avec un camarade.

> On parle …
> on は、「人々は」の意味で使います。
> 活用形は il、elle と同じです。

Le français en Afrique.

Le français est la langue officielle dans plusieurs pays d'Afrique.

Le français est la langue officielle unique :
au Bénin, au Burkina Faso, en République du Congo, en République démocratique du Congo, en Côte-d'Ivoire, au Gabon, en Guinée, au Mali, au Niger, au Sénégal et au Togo.

Le français n'est pas la langue officielle unique :
au Burundi, au Cameroun, en République centrafricaine, à Djibouti, en Guinée équatoriale, à Madagascar, en Mauritanie, au Rwanda, aux Seychelles et au Tchad.

En Algérie, en Tunisie et au Maroc, l'arabe est la langue officielle. Mais on utilise aussi le français.

6b 正しければV (vrai)、間違っていればF (faux)をチェックしましょう。 *Vrai ou faux ?*

1. Le français est la langue officielle unique à Madagascar. V / F
2. On ne parle pas le français au Cameroun. V / F
3. Le français est la langue officielle unique au Mali. V / F
4. On utilise le français au Maroc. V / F

6c 日本について書きましょう。

Et au Japon ? C'est comment ?

Parler de soi et des autres 3

持ち物、年齢を言う

1 Dialogue

1a 本を閉じて、聞き取れた科目を言いましょう。
Écoutez et prenez des notes.

1-37

Léa : Tu as des cours aujourd'hui ?

Maxime : Oui, j'ai un cours d'anglais et un cours de littérature.

Léa : Et tu as aussi un cours de japonais ?

Maxime : Non, je n'ai pas de cours de japonais.

Léa : Mais tu étudies le japonais…

Maxime : Oui, j'ai un test demain. Et toi ? Tu as des cours aujourd'hui ?

Léa : Oui, j'ai un cours d'histoire moderne et un cours de psychologie.

1b Maxime と Léa の時間割を埋めましょう。
Complétez l'emploi du temps de Maxime et Léa.

	AUJOURD'HUI	DEMAIN
Maxime		
Léa		

cours de psychologie	cours d'histoire

test de japonais	cours d'anglais

cours de littérature

2 動詞 avoir

1-38

2a avoir の活用をリピートし、覚えましょう。
Écoutez, répétez puis mémorisez la conjugaison de « avoir ».

フランスの法律は、二重国籍を認めています。フランス国籍を取得した外国人が、元の国籍を放棄することを強要はしません。従って、2つ国籍を持ちながら、政治家になり、政府の役職に就くこともできるのです。

AVOIR （〜を持っている）			
j'	ai	nous	avons
tu	as	vous	avez
il	a	ils	ont
elle	a	elles	ont

avoir は、年齢を言うときにも使います。
J'ai 18 ans.
「私は18歳です」

2b avoir を適切な形に活用させて、文を完成させましょう。*Complétez par le verbe « avoir ».*

1. Luc _____ deux nationalités.
2. Vous _____ des cours aujourd'hui ?
3. Tu _____ un appartement à Paris ?
4. Chloé et Emma _____ un chien.
5. Nous _____ un cours d'histoire.

2c 適切な主語代名詞 je, il, nous, vous, elles を入れましょう。*Complétez par « je, il, nous, vous, elles ».*

1. _____ ont un ami français.
2. _____ ai 20 ans.
3. _____ avons une question.
4. _____ a un cours de littérature.
5. _____ avez un problème.

3 不定冠詞（2）un, une, des

3a 例文を読んで、不定冠詞の表を埋めましょう。 *Lisez et complétez le tableau.*

Monsieur et Madame Lafitte ont
un ami en Italie, une amie au
Canada et des amis en France.

	s.	pl.
m.	un	
f.		

これは何ですか？と尋ねる
ときは、
Qu'est-ce que c'est ?
A : Qu'est-ce que c'est ?
B : C'est une table.

3b 音声を聞いて、写真の下にフランス語を書きましょう。 *Écoutez et écrivez la légende.*

1-39

un stylo ❖ une gomme ❖ un sac ❖ une chaise ❖ un ordinateur ❖ une montre

un dictionnaire ❖ une clé ❖ un crayon ❖ une carte ❖ un livre ❖ une table

a   b   c   d

e   f   g   h

i   j   k   l

3c ペアの相手と持ち物を見せ合いましょう。 *Faites des variations selon le modèle.*

💬 A : J'ai un livre. Et toi ？   B : Moi aussi, voilà. / Moi, non.

4 否定のde（数量0）

A : Tu as **un crayon** ？
B : Non, je n'ai pas **de crayon**, mais j'ai **un stylo**.
A : Tu as **des amis français** ？
B : Non, je n'ai pas **d'amis français**,
     mais j'ai **des amis chinois**.

J'ai — un — stylo / une — clé / des — stylos /clés

Je n'ai pas — de (d') — stylo(s) / clé(s) / ami(s)

4a 上の例を見て、下の規則を完成させましょう。
Lisez les exemples ci-dessus et complétez le tableau ci-dessous.

⚠️母音もしくは無音のhで始まる
語の前で、*de* は *d'* になります。

否定のde（数量0を表すde）

主語＋動詞＋ un/ une/ des ＋名詞	⇒	主語＋ **ne** 動詞 **pas** ＋ de (d') ＋名詞

直接目的語に付いた不定冠詞は、否定文で＿＿＿＿＿＿＿＿になる

4b 否定で答えましょう。*Répondez à la forme négative.*

1. Vous avez un cours d'histoire ?
Non, _____

2. Emmanuelle a un cours d'anglais ?
Non, _____

3. Tu as un cours de maths demain?
Non, _____

4. Léa et Matéo ont des amis français ? Non, _____

5. Il y a une tablette sur la table ? Non, _____

> il y a は、「〜があります」という意味です。
> 否定形は、il n'y a pas です。
> Est-ce queをつけると、
> Est-ce qu'il y a になります。

4c 説明を聞いて、そこにあるものをチェックしましょう。
Écoutez et cochez.

1-40

	sur la table	sur la chaise	dans le sac
un livre	☐	☐	☐
des clés	☐	☐	☐
un stylo	☐	☐	☐
une gomme	☐	☐	☐
une montre	☐	☐	☐
un dictionnaire	☐	☐	☐
un sac	☐	☐	☐

4d カバンの中、机の上、椅子の上にものを置き、ペアの相手に尋ねましょう。

Posez des objets personnels (un livre, des clés, etc.) sur une table, sur une chaise, dans un sac et posez des questions.

A : Est-ce qu'il y a un livre dans le sac ?
B : Oui, il y a... / Non, il n'y a pas de...

4e 質問を書き取りましょう。
Écoutez et écrivez les questions.

1-41

1. _____
2. _____
3. _____

4f 4e の質問をできるだけ多くのクラスメートにしましょう。

Posez les questions de l'exercice 4e à plusieurs personnes.

5 数 20 ～ 60

1-42

| 20 : vingt |
| 21 : vingt et un |
| 22 : vingt-deux |
| 23 : vingt-trois |
| ... |
| 30 : trente |
| 31 : trente et un |
| 32 : trente-deux |
| ... |
| 40 : quarante |
| 50 : cinquante |
| 60 : soixante |

5a 聞こえた数を書きましょう。*Écoutez et écrivez les nombres.*

1-42

1. _____ 2. _____ 3. _____ 4. _____
5. _____ 6. _____ 7. _____ 8. _____
9. _____ 10. _____ 11. _____ 12. _____

5b ペアの相手と足し算をしましょう。*Lisez les additions et donnez le résultat.*

1. 12 +16   2. 21 +25   3. 9 +44   4. 11 +19   5. 38 +31   6. 12 +14

5c AかBを選び、例にならってペアの相手に質問し、数を入れましょう。

Choisissez A ou B. Posez des questions à un camarade selon le modèle et complétez.

A : J'ai 61 montres. Et toi ?
B : 52 ! J'ai 46 clés. Et toi ?

A
61	33	42	59
29	37	66	40
28	45	50	43

B
52	46	39	21
67	53	41	32
55	30	67	24

6 年齢

6a リエゾンに気をつけてリピートしましょう。

🎧 *Écoutez et répétez.*
1-43

dix-huit ans   dix-neuf ans   vingt ans   vingt et* un ans   vingt-deux ans
　　　z　t　　　　　　　　v　　　　　t　　　　　　　t　　　n　　　　　　　　　z

年齢を尋ねるときは、
Tu as quel âge ?
Vous avez quel âge ?

| | Stéph 26 | Lise 19 | Serge 16 |

6b できるだけたくさんのクラスメートの年齢を尋ねましょう。

Posez des questions à vos camarades de classe et répondez selon le modèle.

A : Tu as quel âge ?
B : J'ai 19 ans. Et toi ?
A : Moi, j'ai 20 ans.

6c 右の人々の年齢を尋ねましょう。

Par groupe de deux. Demandez l'âge des gens en photos et répondez selon le modèle.

A : Stéph a quel âge ?
B : Il a 26 ans.

| Sylvie 43 | Idrisse 65 | Samia 52 |

7 鼻母音のつづり

7a スペルを見ながら繰り返しましょう。

🎧 *Observez attentivement l'orthographe des mots du tableau. Écoutez et répétez.*
1-44

文字	例	発音	
in, im, yn, ym, ain, aim, ein, eim	Inde important symbole pain faim plein	[ɛ̃]	広い「エ」、[ɛ] を発音しながら、息を鼻に通します。
on, om	Japon pompon	[ɔ̃]	[o] を発音しながら、息を鼻に通します。
an, am, en, em	orange champagne aventure membre	[ɑ̃]	[ɔ̃] より口を少し広めに開けて出します。

7b 以下の単語を読み、音声を聞いて確認しましょう。

🎧 *Lisez puis vérifiez à l'aide de l'enregistrement.*
1-45

1. chanson
2. ballon
3. symphonie
4. lampe
5. important
6. ensemble
7. enfant
8. bombe
9. saint
10. simple

語末の t は発音しません。
鼻母音では、nやmは発音しません。最後まで鼻母音の音色を変えないように気をつけましょう。

8 Le petit challenge

パリについての質問に答えましょう。 *Répondez aux questions sur Paris.*

1. Est-ce qu'il y a des opéras à Paris ?
2. Est-ce qu'il y a des tours à Paris ?
3. Comment s'appelle la grande avenue de Paris ?
4. Vous aimez quels monuments à Paris ?
5. Est-ce qu'il y a des montagnes à Paris ?

Parler de son quotidien
日常について話す

1 Dialogue

1a 本を閉じて、聞こえた単語を言いましょう。 *Livre fermé, notez des mots entendus.*

1-46

1b 誰のセリフでしょう。結びつけましょう。 *Qui dit les phrases suivantes ?*

JOURNALISTE : S'il vous plaît, c'est pour une enquête. Qu'est-ce que vous faites le week-end en général ?

PERSONNE 1 : Le week-end ? Je fais les courses au supermarché le samedi. Et le dimanche, je vais à la médiathèque.

PERSONNE 2 : Le samedi, je fais le ménage. Et le dimanche, je vais au cinéma.

PERSONNE 3 : Rien ! Je reste chez moi.

La journaliste s'adresse à la caméra (aux étudiants)

JOURNALISTE : Et vous ? Qu'est-ce que vous faites le week-end en général ?

| personne 1 - 2 - 3 | journaliste |

Qu'est-ce que vous faites le week-end en général ?

Je reste chez moi.

Je fais les courses.

Je vais au cinéma.

Je fais le ménage.

Je vais à la médiathèque.

> Qu'est-ce que …? は「何を？」と訪ねるときに使います。

2 動詞 faire, aller

1-47

2a faire と aller の活用を覚えましょう。 *Mémorisez la conjugaison.*

FAIRE （する）				ALLER （〜に行く）			
je	fais	nous	faisons	je	vais	nous	allons
tu	fais	vous	faites	tu	vas	vous	allez
il / elle	fait	ils / elles	font	il / elle	va	ils / elles	vont

2b faire を適切な形に活用させて、文を完成させましょう。 *Complétez.*

> faire les courses
> 買い物をする
> faire la cuisine
> 料理する
> faire le ménage
> 掃除する

1. - Qu'est-ce que tu _____ le lundi ?
   - Je _____ la cuisine.
2. - Vous _____ le ménage à la maison ?
   - Oui, nous _____ le ménage.
3. Xavier _____ les courses le soir.

2c aller を適切な形に活用させて、文を完成させましょう。 *Complétez.*

1. - Tu _____ où ?
   - Je _____ à Toulouse.
2. - Vous _____ aux États-Unis ?
   - Non, nous _____ au Canada.
3. Fatima _____ en France.

2d 自分がやっている家事に ☑、やっていない家事に✖を付け、ペアの相手と話しましょう。

Cochez et continuez le dialogue.

	moi	vous	VICTOR	CÉCILE	LOÏC	JADE
le ménage			☑	☑	✖	☑
la cuisine			✖	☑	☑	✖
les courses			☑	✖	☑	☑

A : Est-ce que tu fais le ménage ?

B : Non, je ne fais pas le ménage mais je fais la cuisine. Je fais aussi les courses.

A : Est-ce que Victor fait … ?

3 à + 定冠詞の縮約

3a 音声を聞いて、写真の下にフランス語を書きましょう。 *Écoutez et écrivez la légende.*

1-48

le café | le restaurant | le cinéma | le parc | le supermarché | la poste
la médiathèque | la gare | la banque | l'université | l'exposition | les toilettes

3b 次の例文を読んで、à と定冠詞の縮約についての規則を完成させましょう。

Lisez les phrases, déduisez la règle puis complétez le tableau.

Je vais **au** café et après le café, je vais **à la** poste.

Je ne vais pas **à l'**université.

Léo va **aux** toilettes.

前置詞 à と定冠詞の縮約	
à + le →	
à + la →	
à + l' →	
à + les →	aux

3c 3a のリストの語を使って、練習しましょう。

Parlez selon le modèle. Utilisez le vocabulaire 3a.

A : Tu vas au café ?

B : Oui, je vais au café. Ah non non non, je ne vais pas au café.

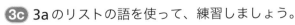
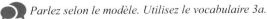

6

4 動詞 -er （2）

4a 以下の動詞を活用させましょう。 *Conjuguez les verbes de la liste.*

Exemple :

rester à la maison : je reste, tu restes, il reste, nous restons, vous restez, ils restent

rester à la maison

travailler

étudier

regarder la télévision

téléphoner à des amis

aller sur Internet

écouter de la musique

chanter au karaoké

⚠ aller は -er 動詞ではありません

4b 下の表の曜日をリピートしましょう。 *Répétez.*

1-49

4c それぞれがすることを聞き取り、表に書きましょう。 *Écoutez et complétez.*

1-50

	lundi	mardi	mercredi	jeudi	vendredi	samedi	dimanche
1. Jade							
2. Hervé							
3. Denis							
4. Dorothée							

4d 上の表を見て、それぞれがすることを言いましょう。
Regardez le tableau et parlez.

Jade va à l'université le lundi et le mardi. Elle …

> 毎週の場合は曜日に定冠詞 le をつけます。
> Il travaille le lundi. 彼は毎週月曜日に仕事をします。
> Il travaille lundi. 彼は（今週の）月曜仕事をします。

4e 自分がすることを表に書き込みます。次にペアの相手に尋ね、表を完成させましょう。
Complétez par des infos personnelles et parlez.

	lundi	mardi	mercredi	jeudi	vendredi	samedi	dimanche
自分							
相手							

A : Qu'est-ce que tu fais le lundi ?

B : Le lundi, je vais à l'université. Et toi ?

A : Moi, je reste à la maison et je fais la cuisine.

28

5 g, c の読み方

5a g には、2つの読み方があります。リピートして、規則を見つけましょう。*Écoutez, répétez et complétez.*

1-51

orange géant Belgique sociologie gymnastique   →   [ʒ]

grand Angleterre yoga golf guitare   →   [g]

⚠ : espagnol champagne montagne champignon   →   [ɲ]

g ＋ e / i / y	[ ] と読む
g ＋ e, i, y 以外	[ ] と読む
ただし、gn は	[ ] と読む

> gとcはカメレオン？次に来る文字によって読み方を変えます。

5b c には、2つの読み方があります。リピートして、規則を見つけましょう。*Écoutez, répétez et complétez.*

1-52

c'est Céline cinéma ici Bercy   →   [s]

dictionnaire Claire un Coca document sac   →   [k]

⚠ : Ça va ? français garçon leçon   →   [s]

c ＋ e / i / y	[ ] と読む
c ＋ e, i, y 以外	[ ] と読む
ただし、ç は、	[ ] と読む

5c g, c に気をつけて読み、音声を聞いて確認しましょう。*Lisez puis vérifiez à l'aide de l'enregistrement.*

1-53

1. ima**g**ination   2. **g**âteau   3. **g**éo**g**raphie   4. **g**ara**g**e   5. **g**i**g**a   6. **g**ym

7. ma**g**azine   8. aller**g**ie   9. **c**ampa**gn**e   10. **c**e**c**i   11. bi**c**y**c**lette

12. **c**afé   13. avo**c**at   14. re**ç**u   15. **c**lé

6 Le petit challenge

6a テキストを読みましょう。*Lisez le texte.*

Simon est étudiant. Il étudie l'anglais à l'université de Lille. Il est en Licence. Il va à l'université le lundi, le mardi, le jeudi et le vendredi. Après les cours, il étudie à la médiathèque avec Jade. Parfois, ils vont au restaurant et ils rentrent tard. Le samedi, Simon travaille dans un café. Jade ne travaille pas. Elle reste chez elle. Simon et Jade aiment le cinéma. Alors, le dimanche, ils vont parfois au cinéma.

6b 正しければ V (vrai)、間違っていれば F (faux) をチェックしましょう。*Vrai ou faux ?*

1. Simon est étudiant.   *V / F*

2. Simon ne va pas à l'université le mercredi.   *V / F*

3. Jade ne va pas à la médiathèque.   *V / F*

4. Simon travaille le dimanche.   *V / F*

6c 上のテキストを参考に、友人の1週間の生活について書きましょう。

Présentez un ami, parlez de lui, racontez sa semaine.

BILAN ❶

_____ /100

1 un, une, des を入れましょう。

Complétez par « un, une, des ». _____ / 10

a. ____ dictionnaire b. ____ carte c. ____ table

d. ____ sac e. ____ stylos f. ____ amies

g. ____ écouteurs h. ____ clé i. ____ montre

j. ____ ordinateur

2 適切な動詞を活用させて入れましょう。

Complétez par les verbes manquants. _____ / 10

a. Bonjour, je m'appelle Enzo. Je _____ italien.

b. Je _____ le français et l'anglais.

c. J'_____ le sport. J'_____ 20 ans.

d. J'_____ à Milan.

3 à, au, aux, en を入れましょう。

Complétez par « à, au, aux, en ». _____ / 10

Elle habite _____ Chine, _____ Pékin.

Elle va _____ Corée, _____ Angleterre,

_____ Londres, _____ Canada, _____ Italie,

_____ États-Unis, _____ Brésil, _____ Tokyo.

4 数字をフランス語で書きましょう。

Écrivez les nombres en lettres. _____ / 10

a. _____ (68)

b. _____ (19)

c. _____ (21)

d. _____ (55)

e. _____ (34)

5 否定で答えましょう。

Répondez à la forme négative. _____ / 6

a. Vous avez un stylo ?

Non, _____

b. Ils aiment le tennis ?

Non, _____

6 正しい主語を選びましょう。正解は1つとは限りません。

Choisissez le pronom sujet correspondant.
Plusieurs réponses sont possibles. _____ / 10

a. _____ parlent ☐ je ☐ nous ☐ elles

b. _____ travaille ☐ tu ☐ il ☐ je

c. _____ aimez ☐ vous ☐ nous ☐ elle

d. _____ parlons ☐ nous ☐ je ☐ tu

e. _____ travailles ☐ ils ☐ elles ☐ tu

7 動詞を活用させて文を完成させましょう。

Conjuguez. _____ / 8

a. Ils _____ (faire) le ménage.

b. Nous _____ (être) de Paris.

c. Elle _____ (être) française.

d. Vous _____ (aller) à Nice.

8 正しいものを選び、文を完成させましょう。

Choisissez la bonne réponse. _____ /10

a. Est-ce _____ habitez à Paris ?

☐ que vous ☐ qu'vous

b. Est-ce _____ habitent à Paris ?

☐ que ils ☐ qu'ils

c. Est-ce _____ habite à Paris ?

☐ que elle ☐ qu'elle

d. Ils aiment _____ histoire.

☐ le ☐ la ☐ l' ☐ les

e. Ils aiment _____ desserts.

☐ le ☐ la ☐ l' ☐ les

🎧9 質問を聞いて答えましょう。

1-54 Écoutez et répondez aux questions. _____ / 20

a. ⇒ _____

b. ⇒ _____

c. ⇒ _____

d. ⇒ _____

e. ⇒ _____

🎧10 書き取りましょう。

1-55 Écrivez la dictée. ____ / 6

1. _____

2. _____

EXPRIMEZ-VOUS 話してみよう！

それぞれの situation に合った会話を準備して演じましょう。
Imaginez un dialogue pour chaque situation et jouez la scène.

▶ SITUATION 1

Vous rencontrez des étudiants francophones.
Vous vous présentez (nom, prénom,
nationalité, profession, âge, langues)

Imaginez le dialogue.

▶ SITUATION 2

Vous parlez de vos habitudes avec vos amis.

Imaginez le dialogue.

PARIS

インターネットで調べて答えましょう。
Utilisez Internet et répondez aux questions ci-dessous :

1 フランスの大企業を 5 つ挙げましょう。
Trouvez cinq grandes entreprises françaises.

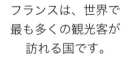
フランスは、世界で
最も多くの観光客が
訪れる国です。

2 昨年フランスを訪れた観光客の数は？
Combien de touristes ont visité la France l'année dernière ?

3 フランスで観光客が最も多く訪れる場所を 3 つ挙げましょう。
Citez trois sites touristiques parmi les plus visités en France.

フランスにはたくさんの種類
のチーズがあり、毎日 1 種類
ずつ食べても 1 年以上かかる
ほどです。

4 フランスのチーズを 3 つ挙げましょう。
Citez trois fromages français.

1 je conjugue, tu conjugues

1 活用を覚えましょう。*Mémorisez la conjugaison.*

ÊTRE						AVOIR					
je	suis	je	**ne** suis	**pas**		j'	ai	je	**n'** ai	**pas**	
tu	es	tu	**n'** es	**pas**		tu	as	tu	**n'** as	**pas**	
il	est	il	**n'** est	**pas**		il	a	il	**n'** a	**pas**	
nous	sommes	nous	**ne** sommes	**pas**		nous	avons	nous	**n'** avons	**pas**	
vous	êtes	vous	**n'** êtes	**pas**		vous	avez	vous	**n'** avez	**pas**	
ils	sont	ils	**ne** sont	**pas**		ils	ont	ils	**n'** ont	**pas**	

> ⚠ ils sont / ils ont :
> [s] が聞こえたら être、
> [z] なら avoir です。

2 🎧 聞こえた動詞をチェックし、文をリピートしましょう。*Écoutez, cochez et répétez.*
1-56

	Ex.	a	b	c	d	e
être	☑	☐	☐	☐	☐	☐
avoir	☐	☐	☐	☐	☐	☐

3 🎧 書き取りましょう。*Écoutez et écrivez.*
1-57
1. _____
2. _____
3. _____
4. _____

4 主語と動詞を結びつけましょう。*Associez.*

je •   • avons
          • avez
nous •   • suis
          • ont
elle, il • • sommes
          • êtes
ils, elles • • est
          • es
j' •   • as
          • a
tu •   • sont
vous •   • ai

5 活用表を見ずに動詞を活用させましょう。*Complétez sans regarder la conjugaison.*
1. J'_____ 30 ans. (avoir)
2. Nous _____ très grands. (être)
3. Ils _____ un ami français. (avoir)
4. Tu _____ une voiture rouge. (avoir)
5. Vous _____ une amie coréenne. (avoir)
6. Je _____ en Italie. (être)
7. Ils _____ coréens. (être)
8. Tu _____ intelligent. (être)

6 上の文を否定形で書きましょう。*Écrivez les phrases de l'exercice précédent à la forme négative.*

7 6の文を音読しましょう。
Lisez les phrases à haute voix.

2

1 活用を覚えましょう。*Mémorisez la conjugaison.*

DANSER						HABITER					
je	danse	je	**ne** danse	**pas**		j'	habite	je	**n'** habite	**pas**	
tu	danses	tu	**ne** danses	**pas**		tu	habites	tu	**n'** habites	**pas**	
il	danse	il	**ne** danse	**pas**		il	habite	il	**n'** habite	**pas**	
nous	dansons	nous	**ne** dansons	**pas**		nous	habitons	nous	**n'** habitons	**pas**	
vous	dansez	vous	**ne** dansez	**pas**		vous	habitez	vous	**n'** habitez	**pas**	
ils	dansent	ils	**ne** dansent	**pas**		ils	habitent	ils	**n'** habitent	**pas**	

2 🎧 音声を聞いて、単数・複数を選び、文をリピートしましょう。*Écoutez, cochez et répétez.*
1-58

	Ex.	a	b	c	d	e
sing.	☑	☐	☐	☐	☐	☐
plur.	☐	☐	☐	☐	☐	☐

3 活用させましょう。*Conjuguez.*

penser
je _____
tu _____
il _____
nous _____
vous _____
ils _____

4 活用表を見ずに埋めましょう。*Complétez sans regarder la conjugaison.*

	rêver					arriver
je						
tu	rêves					
il / elle		écoute				
nous				aimons		
vous		refusez				
ils / elles						retournent

5 活用表を見ずに動詞を活用させましょう。*Complétez sans regarder la conjugaison.*
1. Je _____ à Paris. (retourner)
2. Nous _____ Paul. (aimer)
3. Ils _____ ici. (habiter)
4. Tu _____ tard. (dîner)
5. Il _____ le poste. (refuser)
6. Vous _____ à quoi ? (penser)

6 上の文を否定形で書きましょう。*Écrivez les phrases de l'exercice précédent à la forme négative.*

7 6の文を音読しましょう。*Lisez les phrases à haute voix.*

elle conjugue, nous conjuguons ③

1 活用を覚えましょう。*Mémorisez la conjugaison.*

DIRE			
je	dis	je	**ne** dis **pas**
tu	dis	tu	**ne** dis **pas**
il	dit	il	**ne** dit **pas**
nous	disons	nous **ne** disons **pas**	
vous	dites	vous **ne** dites **pas**	
ils	disent	ils	**ne** disent **pas**

FAIRE			
je	fais	je	**ne** fais **pas**
tu	fais	tu	**ne** fais **pas**
il	fait	il	**ne** fait **pas**
nous	faisons	nous **ne** faisons **pas**	
vous	faites	vous **ne** faites **pas**	
ils	font	ils	**ne** font **pas**

⚠ 3人称複数の語尾 -ent は発音しません。

2 聞こえた動詞をチェックし、文をリピートしましょう。*Écoutez, cochez et répétez.*
1-59

	Ex.	a	b	c	d	e
faire	☐	☐	☐	☐	☐	☐
dire	☑	☐	☐	☐	☐	☐

3 書き取りましょう。*Écoutez et écrivez.*
1-60
1. _____
2. _____
3. _____
4. _____

4 主語と動詞を結びつけましょう。*Associez.*

tu, je •
     • faites
     • faisons
     • fais
nous •
     • dit
     • dites
il, elle •
     • font
     • disons
ils, elles •
     • disent
     • fait
vous •
     • dis

5 活用表を見ずに動詞を活用させましょう。
Complétez sans regarder la conjugaison.
1. Je _____ bonjour. (dire)
2. Nous _____ du sport. (faire)
3. Ils _____ au revoir. (dire)
4. Vous _____ quoi ? (faire)
5. Elle _____ son travail. (faire)
6. Je _____ un gâteau. (faire)
7. Nous _____ la vérité. (dire)
8. Tu _____ quoi ? (dire)

6 上の文を否定形で書きましょう。*Écrivez les phrases de l'exercice précédent à la forme négative.*

7 6の文を音読しましょう。
Lisez les phrases à haute voix.

---

1 活用を覚えましょう。*Mémorisez la conjugaison.*

FINIR			
je	finis	je	**ne** finis **pas**
tu	finis	tu	**ne** finis **pas**
il	finit	il	**ne** finit **pas**
nous	finissons	nous **ne** finissons **pas**	
vous	finissez	vous **ne** finissez **pas**	
ils	finissent	ils	**ne** finissent **pas**

CONNAÎTRE			
je	connais	je	**ne** connais **pas**
tu	connais	tu	**ne** connais **pas**
il	connaît	il	**ne** connaît **pas**
nous	connaissons	nous **ne** connaissons **pas**	
vous	connaissez	vous **ne** connaissez **pas**	
ils	connaissent	ils	**ne** connaissent **pas**

⚠ **choisir, grandir, réussir** も **finir** と同じ活用をします。

2 音声を聞いて、単数・複数を選び、文をリピートしましょう。
1-61 *Écoutez, cochez et répétez.*

	Ex.	a	b	c	d	e
sing.	☐	☐	☐	☐	☐	☐
plur.	☑	☐	☐	☐	☐	☐

3 活用させましょう。*Conjuguez.*

choisir	
je	_____
tu	_____
il	_____
nous	_____
vous	_____
ils	_____

4 主語と動詞を結びつけましょう。*Associez.*

tu, je •
     • choisis
     • connais
     • finissent
nous •
     • grandit
     • réussis
il, elle •
     • connaissons
     • grandissons
ils, elles •
     • connaît
     • connaissez
vous •
     • finissez
     • réussissent

5 活用表を見ずに動詞を活用させましょう。
Complétez sans regarder la conjugaison.
1. Je _____ le repas. (finir)
2. Nous _____ Paul. (connaître)
3. Ils _____ ce plat. (choisir)
4. Il _____ sa journée. (finir)
5. Vous _____ quoi ? (choisir)
6. Ils _____ ton secret. (connaître)
7. Nous _____ tôt. (finir)
8. Vous _____ ma mère. (connaître)

6 上の文を否定形で書きましょう。*Écrivez les phrases de l'exercice précédent à la forme négative.*

7 6の文を音読しましょう。
Lisez les phrases à haute voix.

7 | Décrire une personne et un objet

人や物を描写する

1 | Dialogue

1a 本を閉じて、Marc と Jade について聞こえた 🎬 1-62 描写を言いましょう。

Livre fermé, prenez des notes.

Léa : Alors, il est comment ton voisin ?

Maxime : Marc ? Il est très grand, il est mince, il a les cheveux blonds. J'ai sa photo…

Léa : Il a l'air gentil.

Maxime : Et ta voisine, elle est comment ?

Léa : Jade ? Elle est petite, elle a les cheveux bruns. Elle est très jolie.

Maxime : Ah oui ? Tu as une photo ?

Léa : Oui.

Maxime : Elle a l'air sympa. Et quel est son numéro de téléphone ?

Léa : Son numéro ? Tu es sérieux ?

1b どちらの描写かチェックしましょう。

Cochez les cases correspondantes.

	voisin Marc	voisine Jade
grand / grande		
petit / petite		
mince		
cheveux blonds		
cheveux bruns		
joli / jolie		
gentil / gentille		
sympa		
sérieux / sérieuse		

1c (4人で) 上の描写の意味を考えましょう。

Formez des groupes de 4, réfléchissez au sens des mots ci-dessus.

1d 下線部を埋めましょう。

Observez et complétez.

les cheveux **blonds**   les cheveux **bruns**   les cheveux _____   les cheveux _____

les cheveux **courts**   les cheveux **courts**   les cheveux **longs**   les cheveux _____

2 | 形容詞の性数

1-63

2a 次の例をリピートして、規則を完成させましょう。

Répétez les phrases et déduisez la règle.

un sac <u>noir</u>   des sacs <u>noirs</u>

une chaise <u>noire</u>   des chaises <u>noires</u>

形容詞は、名詞の性と数に **一致する・一致しない**
複数形の s は、**発音する・発音しない**

1-64

2b 色をリピートしましょう。 *Répétez les couleurs.*

violet / violette   gris / grise   noir / noire   rouge   orange

blanc / blanche   vert / verte   bleu / bleue   jaune   rose   marron

pause café

トリコロールとも呼ばれるフランスの国旗は、青白赤の3色です。フランス革命の頃に誕生し、1830年以降は継続してフランスの国旗として使われてきました。

△水平に垂らした場合、オランダの国旗と間違えやすいので気をつけましょう。

Hollande   France

2c 形容詞を適切な形にして入れましょう。*Accordez les adjectifs entre parenthèses si nécessaire.*

1. une table ＿＿＿＿＿＿＿＿ (blanc)
2. un stylo ＿＿＿＿＿＿＿＿ (rouge)
3. des vélos ＿＿＿＿＿＿＿＿ (gris)
4. une montre ＿＿＿＿＿＿＿＿ (vert)
5. un ordinateur ＿＿＿＿＿＿＿＿ (noir)
6. des tablettes ＿＿＿＿＿＿＿＿ (violet)

2d ペアの相手に尋ねましょう。*Formez des groupes de deux. Faites des variations selon le modèle.*

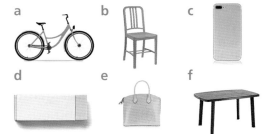

a　　b　　c

d　　e　　f

A : Tu as des stylos rouges ?

B : Non, je n'ai pas de stylos rouges.

A : Tu as une montre noire ?

B : Oui, j'ai une montre noire.

3 形容詞の位置

3a 例を見て、形容詞の位置についての規則を完成させましょう。

Observez les exemples et complétez la règle.

un sac **noir**　　un sac **italien**　　une montre **bleue**　　une montre **japonaise**

> 原則　形容詞は、名詞の　前・後　に付く。
> 例外　日常的に使う短い形容詞の中には、名詞の前に付くものもあります。

例外 | un <u>petit</u> sac　un <u>grand</u> sac　un <u>gros</u> sac　un <u>joli</u> sac
un <u>bon</u> plat　un <u>jeune</u> garçon　un <u>beau</u> garçon

beau の女性形は belle
bon の女性形は bonne
gros の女性形は grosse

3b 形容詞を正しい形にして正しい位置に入れ、文を完成させましょう。

Complétez.

1. un ＿＿＿＿＿＿ étudiant ＿＿＿＿＿＿＿ (grand, américain)
2. une ＿＿＿＿＿＿ banane ＿＿＿＿＿＿＿ (jaune, bon)
3. une ＿＿＿＿＿＿ table ＿＿＿＿＿＿＿ (blanc, joli)
4. un ＿＿＿＿＿＿ musicien ＿＿＿＿＿＿＿ (espagnol, beau)

4 所有形容詞

4a 例を見て、所有形容詞の表を完成させましょう。

Observez et complétez le tableau.

le dictionnaire de Marie　→　**son** dictionnaire

la clé de Paul　→　**sa** clé

les amis de Marie　→　**ses** amis

le livre de Paul et Marie　→　**leur** livre

les stylos de Paul et Marie　→　**leurs** stylos

		所有される人、物		
		m.s.	*f.s.*	*pl.*
所有者	私の	mon	ma	mes
	君の	ton	ta	tes
	彼の／彼女の			
	私たちの	notre		nos
	あなた（方）の	votre		vos
	彼ら／彼女らの			

> son と sa、mon と ma、ton と ta は、所有者の性別ではなく、所有される人や物の性別によって選びます。

母音や無音の h で始まる単数の女性名詞の前では、ma, ta, sa は mon, ton, son になります。

C'est **mon** amie Sophie.

7

4b 実際に物を指差して練習しましょう。*Jouez le dialogue. Faites des variations.*

A : C'est **son** livre ?
B : Oui, c'est **son** livre. / Non, ce n'est pas **son** livre.
A : C'est **ta** gomme ?
B : Oui, c'est **ma** gomme. / Non, ce n'est pas **ma** gomme.

5 描写する

5a リピートしましょう。*Écoutez et répétez.*

grand(e)	petit(e)	gros(se)	mince
jeune	âgé(e)	dynamique	calme
joyeux (-euse)	intelligent(e)	sympathique	gentil(le)
sérieux (-euse)	ambitieux (-euse)	courageux (-euse)	généreux (-euse)
intéressant(e)	amusant(e)	les cheveux longs	les cheveux courts
les cheveux blonds	les cheveux bruns	les cheveux blancs	les cheveux gris

5b 描写を聞き、メモを取り、誰についての描写か当てましょう。
Écoutez les descriptions, prenez des notes et associez aux photos.

Serge   **Sophie**   **Lucas**   **Mila**

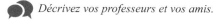

5c 先生や友人を描写してください。
Décrivez vos professeurs et vos amis.

A : Il est comment ton prof d'anglais ?
B : Il est grand et un peu mince.
Il a les cheveux blonds.
Il a l'air sympa et dynamique.

6 疑問形容詞 quel

〜は何ですか？と尋ねるときに使います。

Quel est votre numéro de téléphone ?
Quels sont vos mangas préférés ?
Quelle est la date de votre anniversaire ?
Quelles sont vos couleurs préférées ?

	m.	*f.*
s.	quel	quelle
pl.	quels	quelles

> quelは、名詞の性と数によってスペルは変わりますが、発音は常に [kɛl] で、不変です。

6 疑問形容詞quel を適切な形にして入れましょう。*Complétez avec quel.*
1. _____ est ta nationalité ?
2. _____ est ton film préféré ?
3. _____ sont tes sports préférés ?

7 数 60 〜 99

60 soixante	70 soixante-dix	80 quatre-vingts	90 quatre-vingt-dix
61 soixante et un	71 soixante et onze	81 quatre-vingt-un	91 quatre-vingt-onze
62 soixante-deux	72 soixante-douze	82 quatre-vingt-deux	92 quatre-vingt-douze

7a 水をこぼして、友人の電話番号が消えてしまいました。確認して書き直しましょう。
Écoutez et notez les numéros de téléphone effacés.

Léo : 090 16 _____ 07
Patrick : 080 _____
Timothée : _____ 09
Éléonore : _____ 37

7b 教室内を移動して、できるだけ多くのクラスメートの電話番号を聞いて書き取りましょう。
Posez des questions selon le modèle.

A : Quel est ton numéro de téléphone ?
B : C'est le 090 83 32 19 04. Et toi ?
A : C'est le 080 26 55 68 78.

8 sの読み方

8a s には、2つの読み方があります。リピートして規則を見つけましょう。

🎧 *Écoutez, répétez, et déduisez la règle de prononciation.*
1-69

Tuni<u>s</u>ie	mai<u>s</u>on	dé<u>s</u>ert	poi<u>s</u>on → [z]
<u>s</u>auce	<u>S</u>imon	E<u>s</u>pagne	gymna<u>s</u>tique bon<u>s</u>oir → [s]
<u>S</u>auci<u>ss</u>on	de<u>ss</u>ert	poi<u>ss</u>on	croi<u>ss</u>ant impo<u>ss</u>ible → [s]

母音に挟まれた s	[ ] と読む
それ以外の場合	[ ] と読む
ただし、母音に挟まれた ss	[ ] と読む

8b s に気をつけて読み、音声を聞いて確認しましょう。

🎧 *Lisez puis écoutez pour vérifier.*
1-70
1. <u>S</u>ophie   2. japonai<u>s</u>e   3. <u>s</u>port   4. cla<u>ss</u>ique   5. philo<u>s</u>ophie   6. re<u>s</u>taurant

7. mu<u>s</u>icien   8. profe<u>ss</u>eur   9. <u>s</u>ai<u>s</u>on   10. <u>s</u>urpri<u>s</u>e   11. <u>S</u>ui<u>ss</u>e   12. a<u>ss</u>i<u>s</u>tant

9 Le petit challenge

9a カードに書かれたことを読んで、それぞれの人物のファーストネームを下線部に入れましょう。

Lisez les fiches et retrouvez le prénom de chaque personne.

_____ Curie   _____ De Gaulle   _____ d'Arc   _____ Bonaparte

Marie
scientifique
prix Nobel de Physique

Napoléon
général
empereur
taille : 1 m 69

Charles
résistant
président de la République française
taille : 1 m 96

Jeanne
chef de guerre
héroïne de l'histoire de France

9b 正しければV(vrai)、間違っていればF(faux)をチェックしましょう。

Vrai ou faux ?

1. Jeanne d'Arc est une héroïne de l'histoire de France.
   V / F
2. Charles de Gaulle a l'air jeune. V / F
3. Napoléon est grand. V / F
4. Marie Curie est une scientifique célèbre. V / F

9c 上の4人の歴史的人物を描写しましょう。

Décrivez ces quatre figures historiques.

1 Dialogue

le client	: Bonjour.
le vendeur	: Bonjour, vous cherchez quelque chose ?
le client	: Oui, je cherche un pantalon beige ou bleu.
le vendeur	: C'est par là. Alors, en beige, nous avons ce modèle, et en bleu, nous avons ce modèle.
le client	: Ce pantalon beige, il est en coton ?
le vendeur	: Vous voulez un pantalon en coton ?
le client	: Oui.
le vendeur	: Vous faites quelle taille ?
le client	: Quarante-deux.
le vendeur	: Voilà. … Ça va ?
le client	: Je l'aime bien. C'est combien ?
le vendeur	: Quatre-vingt-dix euros.
le client	: Bon, je le prends.
le vendeur	: Vous payez comment ?
le client	: Par carte.

1-71

1a ビデオを見て、正しい答えにチェックしましょう。
Cochez la réponse correcte.

1. Le client cherche …
- ☐ a. un pantalon
- ☐ b. un T-shirt
- ☐ c. une robe

2. La taille, c'est …
- ☐ a. 32
- ☐ b. 42
- ☐ c. 52

3. Le prix, c'est …
- ☐ a. 20,10 €
- ☐ b. 80 €
- ☐ c. 90 €

1b 聞こえた順に番号を付け、どちらのセリフかチェックしましょう。*Cochez les cases correspondantes et indiquez l'ordre.*

		VENDEUR	CLIENT
	Vous faites quelle taille ?	☐	☐
	Bon, je le prends.	☐	☐
1	Vous cherchez quelque chose ?	☐	☐
	Vous voulez un pantalon en coton ?	☐	☐
	Nous avons ce modèle.	☐	☐

2 動詞 vouloir, prendre

2a 1b のセリフを参考に、vouloir と prendre の活用表を完成させ、覚えましょう。
Complétez et mémorisez la conjugaison à l'aide de l'exercice 1b.

VOULOIR (欲しい)			
je	veux	nous	voulons
tu	veux	vous	
il / elle	veut	ils / elles	veulent

PRENDRE (買う、とる)			
je		nous	prenons
tu	prends	vous	prenez
il / elle	prend	ils / elles	prennent

2b 動詞を適切な形に活用させて、文を完成させましょう。
Conjuguez les verbes entre parenthèses.

1. Philippe _____ (vouloir) un pantalon en coton.
2. Je _____ (vouloir) une chaise verte.
3. Simon et Léa _____ (vouloir) un beau manteau.
4. Tu_____ (prendre) le pantalon gris ?
5. Vous ne _____ (prendre) pas le sac blanc ?
6. Nous _____ (prendre) la table rouge.

Ayako Kitamura
Vincent Durrenberger

LE
CAHIER
D'EXERCICES
MAESTRO *1*

学習者の皆様へ、

この練習帳は、皆様が授業で使っているMaestro 1の補助教材です。
大きく、発音部分と文法部分に分かれています。

1. 発音部分には、各課で出てくる「発音の規則」や「つづり字と発音の関係」がまとめてあります。
2. 文法部分には、各課ごとに文法事項の説明がまとめてあり、さらにその練習問題がついています。

この練習帳は、授業の復習として、そして試験前の見直しとしてお役立てください。解答が必要な場合は、授業担当の先生にお尋ねください。場合によっては、授業で使用したり、宿題として練習問題を解いたりしますので、先生の指示に従ってください。

PDF版・音声は下記URLより確認が可能です。
https://text.asahipress.com/text-web/france/maestro1/cahier/index.html

フランス語の発音の規則

① 語末の子音字は、原則として発音しない

français   chinois   ils   restaurant   salut   étudiant

例外：bonjour neuf avec　（下線部は発音します。）

② エリズィオン élision

母音または無音のhで始まる単語が続くと、ある種の単語において、最後の母音字が
脱落してアポストロフになる現象。

je étudie → j'étudie　　la économie → l'économie　　le hôtel → l'hôtel

③ リエゾン liaison

単語の最後の、「本来発音されない子音字」が、母音または無音のhで始まる次の単語の
母音と結びついて発音される現象。

deux_avenues　　trois_hôtels　　vous_êtes　　ils_aiment　　un grand_ami
　　　[z]　　　　　　　[z]　　　　　　[z]　　　　　[z]　　　　　　　　[t]

④ アンシェヌマン enchaînement

単語の最後の、「発音される子音」が、母音または無音のhで始まる次の語の初頭に移動する
現象。

il est　　　　　　　　elle est　　　　　　　　　cinq étudiants
[il ɛ] → [i lɛ]　　　[ɛl ɛ] → [ɛ lɛ]　　　[sɛ̃k etydjɑ̃] → [sɛ̃ ketydjɑ̃]

⑤ e の読み方

a. 語末の e は読まない

suisse　　madame　　lampe　　quatre　　japonaise　　musique

b. 語末の e＋子音字１つ：[e]もしくは[ɛ]

les　　et　　travailler　　hôtel　　super　　mer

c. 語頭、語中の e＋子音字１つ：[ə]

petit　　relation　　devant　　demain

d. 語頭、語中の e＋子音字２つ以上：[e]もしくは[ɛ]

essayer　　espagnol　　restaurant　　tablette

つづり字と発音
【母音】

文字	発音	例	
a à â	[a]	koala Oh là là pâté	日本語の「ア」に近い音です。
i î y	[i]	mini île pyjama	日本語の「イ」より唇を横に引き、舌の前方を上あごにグッと近づけます。
o ô	[o/ɔ]	octobre passeport hôtel	唇を丸めて「オ」を発音します。[ɔ]は、[o]より口を広めに開けて発音します。
u û	[y]	tulipe tutu sûr	唇を丸めて[i]を発音します。
é	[e]	café mémo télévision	狭い「エ」。日本語の「エ」より唇を横に引き、舌の前方を上あごに近づけます。
è ê ë	[ɛ]	père fête Noël	広い「エ」。狭い「エ」より口を少し広めに開けます。
e	[ə]	menu demi le je ce de	[ə]と読むときと、[e/ɛ]と読むときがあります。
	[e/ɛ]	message septembre	
ai aî ei	[ɛ]	parfait s'il vous plaît beige	[ɛ]は、口を広めに開けて発音する「エ」です。
ou où oû	[u]	soupe où goût	唇を丸めて、舌をぐっと奥に引いて発音します。
au eau	[o/ɔ]	restaurant café au lait gâteau	唇を丸めて「オ」を発音します。
oi	[wa]	moi toi accessoire foie gras	[w]で唇をしっかり丸めた後、[a]で唇を大きく開きます。
eu œu	[ø/œ]	deux neuf sœur	[ø]は、唇をめくるように前に突き出し、唇と舌の前方で細長い筒を作るようにして出します。[œ]は、[ø]より口を広めに開けて発音します。
in, im, yn, ym, ain, aim, ein, eim	[ɛ̃]	Inde important symbole pain faim plein	広い「エ」、[ɛ]を発音しながら、息を鼻に通します。
on, om	[ɔ̃]	Japon pompon	[o]を発音しながら、息を鼻に通します。
an, am, en, em	[ɑ̃]	orange champagne aventure membre	[ɔ̃]より口を少し広めに開けて出します。
ien	[jɛ̃]	italien bien chien tu viens	原則[jɛ̃]と読みます。
	[jɛn]	italienne ancienne brésilienne	ienにnが続くと、鼻母音ではなくなり、[jɛn]になります。
	[jɑ̃]	science patience orient conscient	ience, ient で終わる名詞、ientで終わる形容詞、およびその派生語では、[jɑ̃]。

【子音】

文字		発音	例
g	g + e / i / y	[ʒ]	orange géant Belgique sociologie gymnastique
	g + e, i, y 以外	[g]	grand Angleterre yoga golf guitare
	gn	[ɲ]	espagnol champagne montagne champignon
c	c + e / i / y	[s]	c'est Céline cinéma ici Bercy
	c + e, i, y 以外	[k]	dictionnaire Claire un coca document sac
	ç	[s]	Ça va ? français garçon leçon
s	母音に挟まれた s	[z]	Tunisie maison désert poison
	それ以外の場合	[s]	sauce Simon Espagne gymnastique bonsoir
	母音に挟まれた ss	[s]	Saucisson dessert poisson croissant impossible
h		発音しない	hôtel habiter Hélène hydrogène
th		[t]	théâtre Thomas mathématiques méthode
ch		[ʃ]	champagne chien chou à la crème architecte
ph		[f]	photo philosophie physique alphabet
ill/il	子音字＋ill の場合	[ij]	fille famille camomille
	母音字＋il/ill の場合	[j]	feuille travailler bouteille fauteuil travail conseil

■ 1. あいさつ

Bonjour. こんにちは

Au revoir. さようなら

À bientôt. また近いうちに

Salut！ やあ（出会いと別れの両方に使えます）

Moi, c'est Laura. 私はロラです

■ 2. アクセント

① フランス語のアクセントは、意味のまとまりを持った「リズムグループ」の最後の音節にきます。

Bonjour madame.　Salut Maxime.　Au revoir monsieur.

② 単語1つがリズムグループを作る場合もあります。

Bonjour.　Salut.　Yokohama.

③ アクセントのある音節の母音は、他の母音より長く伸ばします。

■ 3. アルファベ

A	B	C	D	E	F	G	H	I	J	K	L	M
a	be	se	de	ə	εf	ʒe	aʃ	i	ʒi	ka	εl	εm
N	O	P	Q	R	S	T	U	V	W	X	Y	Z
εn	o	pe	ky	εr	εs	te	y	ve	dubləve	iks	igrεk	zεd

é	accent aigu	é
`	accent grave	è à ù
^	accent circonflexe	ê â î ô û
¨	tréma	ë ï
ç	cédille	ç

■ 4. 名詞の性

① すべての名詞は、男性名詞か女性名詞に分かれます。

② 生物学的な性別を持つものは、それとほぼ対応しています。

garçon 男の子（男性名詞）　fille 女の子（女性名詞）

③ 無生物を表す名詞にも文法上の性があります。

しかし、文法上の性別には根拠はないので、1つ1つ覚えましょう。

téléphone 電話（男性名詞）　tablette タブレット（女性名詞）

■ 5. 不定冠詞（1）un, une

① 不定冠詞は、聞き手に特定されていない人や物を表すときに使います。

② 男性形単数の名詞にはun、女性形単数の名詞にはuneを使います。

un garçon 男の子　un livre 本　une fille 女の子　une table テーブル

■ 1. Complétez les bulles. 吹き出しを埋めましょう。

■ 2. Soulignez les syllabes accentuées. アクセントのある音節に下線を引きましょう。

Exemple : Sa<u>lut</u> !

1. Bonjour !
2. Au revoir.
3. Bonjour madame.
4. Au revoir monsieur.

5. Moi, c'est Laura.
6. un garçon
7. Nagasaki
8. monsieur Tanaka

■ 3. Épelez les mots suivants : 以下の語のスペルを言いましょう。

Exemple : fête → F. E accent circonflexe T. E

1. cinéma →
2. français →
3. Noël →
4. garçon →

5. téléphone →
6. hôpital →
7. télévision →
8. hôtel →

■ 4. Classez les mots suivants selon le genre. 以下の語を下の表に分類しましょう。

garçon - fille - téléphone - tablette - pyjama - koala - café - massage - passeport - télévision

FÉMININ 女性名詞	MASCULIN 男性名詞

■ 5. Complétez par « un » ou « une ». unもしくはuneを入れましょう。

1. ____ hôpital 2. ____ micro 3. ____ animal 4. ____ logo 5. ____ tulipe

6. ____ hôtel 7. ____ fille 8. ____ tutu 9. ____ fête 10. ____ stylo

11. ____ cinéma 12. ____ kilo 13. ____ message 14. ____ table 15. ____ tunnel

■ 1．主語人称代名詞：主語として使う代名詞です

	単数		複数	
1人称	je	私は	nous	私たちは
2人称	tu	君は	vous	あなたは／あなたたちは
3人称	il	彼は	ils	彼らは
	elle	彼女は	elles	彼女たちは

① 相手が1人の場合：親しい相手や子供、若者同士では tu、かしこまった相手には vous を使います。

② 相手が複数の場合：常にvousを使います。

③ 3人称複数形で、男女が混ざっている場合は ils を使います。

■ 2．動詞：être（〜です）：国籍、職業、出身地を言うときに使います

ÊTRE （〜です）			
je	suis	nous	sommes
tu	es	vous	êtes
il	est	ils	sont
elle	est	elles	sont

> フランス語の動詞はすべて、主語の人称と数によって活用します。

■ 3．国籍、職業を言う

国籍		
♂	♀	●
japonais	japonaise	日本の
français	française	フランスの
anglais	anglaise	イギリスの
chinois	chinoise	中国の
américain	américaine	アメリカの
coréen	coréenne	韓国の
suisse	suisse	スイスの

職業		
♂	♀	●
étudiant	étudiante	学生
assistant	assistante	アシスタント
professeur	professeure	先生
auteur	auteure	作家
employé	employée	従業員
musicien	musicienne	音楽家
comédien	comédienne	俳優
journaliste	journaliste	ジャーナリスト

- Je suis français. 私はフランス人です。
- Luc est professeur. リュックは先生です。
- Il est chinois. 彼は中国人です。
- Sophie est musicienne. ソフィーは音楽家です。

■ 4．女性形の作り方

原則	男性形＋ e	japonais → japonaise　étudiant → étudiante
男性形がenで終わっている場合	男性形＋ ne	coréen → coréenne　musicien → musicienne
男性形がeで終わっている場合	そのまま	suisse → suisse　journaliste → journaliste

■ 5．出身地を言う

être de ＋ 都市名

- Je suis de Lyon. 私はリヨン出身です。
- Nous sommes de Paris. 私たちはパリ出身です。

■ 1. Complétez le tableau par les pronoms sujets. 主語代名詞を入れましょう。

	単数		複数	
1人称		私は		私たちは
2人称		君は		あなたは／あなたたちは
3人称		彼は		彼らは
		彼女は		彼女たちは

■ 2. Complétez avec le verbe « être ». êtreを活用させて文を完成させましょう。

1. Je _____ journaliste.

2. Tu _____ journaliste.

3. Nous _____ français.

4. Ils _____ français.

5. Elle _____ journaliste.

6. Vous _____ japonais.

7. Il _____ japonais.

8. Ils _____ anglais.

■ 3. Indiquez la nationalité et la profession des personnes ci-dessous.
以下の人々の国籍と職業を言いましょう。

a

b

c

d

e

f

g

h

■ 4. Complétez selon l'exemple. 主語をIlまたはElleに変えて書き直しましょう。

Exemple : Elle est japonaise. ⇒ *Il est japonais.*

1. Elle _____ ⇒ Il est coréen.

2. Elle est étudiante. ⇒ Il _____

3. Elle _____ ⇒ Il est assistant.

4. Elle est journaliste. ⇒ Il _____

5. Elle est _____ ⇒ Il est américain.

■ 5. Faites des variations selon l'exemple. 例にならって文を作りましょう。

Exemple : Lyon / il ⇒ *Il est de Lyon.*

1. Paris / elle ⇒ _____

2. Toulouse / nous ⇒ _____

3. Strasbourg / je ⇒ _____

4. Londres / vous ⇒ _____

5. Nantes / tu ⇒ _____

6. Marseille / ils ⇒ _____

■ 1. 規則動詞：-er動詞（1）

① 不定詞（活用していない、元の形）が -er で終わっている規則動詞は、すべて同じ活用をします。

② 語幹：不定詞から er を取ったもの。どの人称でも語幹の形は同じで、変化しません。

      parler（不定詞）→ parl（語幹）

③ 語尾：er の部分は、人称によって下の表のように変化します。

PARL**ER** （話す）				AIMER （〜が好き）			
je	parl**e**	nous	parl**ons**	**j'**	aim**e**	nous	aim**ons**
tu	parl**es**	vous	parl**ez**	tu	aim**es**	vous	aim**ez**
il/elle	parl**e**	ils/elles	parl**ent**	il/elle	aim**e**	ils/elles	aim**ent**

      ・je, tu, il, elle, ils, elles の語尾、e, es, e, ent は発音しません。

      ・母音や無音のh で始まる動詞では、je はエリズィオンを起こして j' になります。(j'aime)

      ・母音や無音のh で始まる動詞では、nous, vous, ils/elles でリエゾンを起こして[z]の音が入ります。

         vous aimez [vuzɛme]   ils aiment [ilzɛm]

■ 2. 定冠詞　le, la, l', les

① 定冠詞は、聞き手が特定できる人や物、総称を表すときに使います。

② 単数形の男性名詞には le、単数形の女性名詞には la、複数形にはどちらも les を使います。

③ 母音もしくは無音のh で始まる名詞の前では、le, la はエリズィオンを起こして l' になります。

	s.	*pl.*
m.	le(l')	les
f.	la(l')	

- Le soleil est jaune. 太陽は黄色い。　（唯一無二なので特定可）
- la photo de Marie　マリーの写真　　（限定されているので特定可）
- J'aime les chats. 私は猫が好きです。（猫一般：総称）
- l'Espagne スペイン　（母音で始まる名詞の前は l'）

■ 3. 話せる言語、専攻科目、好き嫌いを言う

話せる言語、専攻科目、好き嫌いを言うときには、定冠詞をつけます。

- Je parle l'anglais. 私は英語を話します。　Ils parlent le coréen. 彼らは韓国語を話します。

    *言語は常に男性名詞です。(le français, le chinois, le japonais)

- Nous étudions le droit. 私たちは法律を勉強しています。　Tu étudies l'économie？君は経済を勉強しているの？

- J'aime les chiens. 私は犬が好きです。　Léa et Céline aiment la danse. レアとセリーヌはダンスが好きです。

    *好き嫌いを言うとき、数えられるものは複数形、数えられないものは単数形を使います。(les chats猫　le thé お茶)

■ 4. 名詞の複数形の作り方

原則	単数形　＋　s	chien → chien**s**
eauで終わっている語	単数形　＋　x	gâteau → gâteau**x**
s, x, z で終わっている語	そのまま	matelas → matelas,　quiz → quiz

    *複数形の s, x は発音しません。

■ 1. Conjuguez les verbes entre parenthèses. Faites l'élision si nécessaire.
カッコ内の動詞を活用させましょう。必要な場合はエリズィオンをすること。

1. Nous _____ (**aimer**) le français.
2. Vous _____ (**danser**) bien.
3. Ils _____ (**parler**) le chinois.
4. Elles _____ (**habiter**) à Paris.
5. Je _____ (**habiter**) à Tours.

6. Elle _____ (**étudier**) l'économie.
7. Tu _____ (**chanter**) bien.
8. Elles _____ (**aimer**) l'histoire.
9. Je _____ (**aimer**) la chimie.
10. Tu _____ (**étudier**) l'anglais.

■ 2. Complétez par « le, la, les, l' », aidez-vous d'un dictionnaire.
le, la, les, l' を入れましょう。必要な場合は辞書を使いましょう。

1. Je parle _____ anglais.
2. Tu aimes_____ sciences.
3. Vous étudiez _____ histoire.
4. _____ livre est intéressant.

5. _____ tablettes sont ici.
6. _____ chats et ____ chiens.
7. _____ soleil est dans ____ ciel.
8. _____ voiture de Lucas.

■ 3. Regardez et imaginez un dialogue entre ces deux personnes.
写真の二人になって、会話をしましょう。

■ 4. Indiquez si les mots ci-dessous sont au singulier, au pluriel, on ne sait pas.
以下の語が単数形、複数形、あるいはわからないか言いましょう。

1. chiens
2. gâteau
3. chat
4. tablette

5. matelas
6. gaz
7. test
8. châteaux

9. quiz
10. dialogue
11. mots
12. verbes

13. sujet
14. adjectifs
15. soleil
16. bateaux

■ 5. Écrivez les mots ci-dessous au pluriel. 以下の語を複数形で書きましょう。

1. le gâteau
2. le nez
3. la clé

4. le matelas
5. l'hôtel
6. le sac

7. la photo
8. le quiz
9. l'ami

10. l'histoire
11. la science
12. le film

■ 1. 国名、都市名、国籍

① 国名には、男性名詞と女性名詞があります。

② 原則として、eで終わっている国名は女性名詞です。la France, la Corée

国名 / pays	国籍 / nationalité	都市 / ville	国名 / pays	国籍 / nationalité	都市 / ville
le Japon	japonais	Tokyo	la France	français	Marseille
le Canada	canadien	Montréal	l'Angleterre	anglais	Manchester
le Sénégal	sénégalais	Dakar	l'Espagne	espagnol	Barcelone
le Brésil	brésilien	Rio	la Chine	chinois	Pékin
les États-Unis	américain	New York	la Corée	coréen	Séoul

■ 2. 国名、都市名の前の前置詞

en ＋ 女性形の国名、母音始まりの男性形の国名
J'habite **en** Chine. わたしは中国に住んでいます。 Il habite **en** Iraq. 彼はイラクに住んでいます。
au ＋ 子音始まりの男性形の国名
Elles étudient **au** Brésil. 彼女たちはブラジルで勉強しています。
aux ＋ 複数形の国名
Vous travaillez **aux** États-Unis ? あなたはアメリカで働いているのですか？
à ＋ 都市名
Nous habitons à Lyon. 私たちはリヨンに住んでいます。

*都市名には冠詞（le, la, les）が付かないので、常にàになります。

■ 3. 否定

否定の作り方
主語 ＋ **ne** 動詞 **pas** .

① 否定文は、動詞を**ne**と**pas**で挟んで作ります。
- Elle **ne** parle **pas** le coréen. 彼女は韓国語を話しません。
- Nous **ne** sommes **pas** de Paris. 私たちはパリ出身ではありません。

② 母音や無音のhの前では、**ne**はエリズィオンを起こして **n'** になります。
- Je **n'**étudie **pas** la sociologie. 私は社会学を勉強していません。
- Vous **n'**aimez **pas** l'histoire ? 歴史を好きではないのですか？

■ 1. Complétez selon l'exemple. 例にならって書きましょう。

Exemple : Paul / 🇬🇧 ⇒ *Paul est anglais, il aime l'Angleterre.*

1. Maxime / 🇮🇹 ⇒ _____

2. Boris / 🇧🇷 ⇒ _____

3. Nanae / 🇯🇵 ⇒ _____

4. Peter / 🇺🇸 ⇒ _____

5. Rose / 🇸🇳 ⇒ _____

■ 2. Complétez par « en, au, aux ». en, au, aux のいずれかを入れましょう。

1. Je travaille _____ Espagne.

2. Elles habitent _____ États-Unis.

3. Vous étudiez _____ Japon.

4. Nous habitons _____ France.

5. Ils travaillent _____ Brésil.

6. J'habite _____ Canada.

7. Elle étudie _____ Corée.

8. Vous habitez _____ Sénégal.

■ 3. Transformez selon l'exemple. 例にならって書きましょう。

Exemple : il / France ⇒ *Il aime la France. Il habite en France, à Paris.*

1. tu / Espagne ⇒ _____

2. nous / Japon ⇒ _____

3. elle / États-Unis ⇒ _____

4. je / Angleterre ⇒ _____

5. ils / Brésil ⇒ _____

■ 4. Mettez les phrases suivantes à la forme négative. 否定文に書き換えましょう。

Exemple : Elles étudient au Brésil. ⇒ *Elles n'étudient pas au Brésil.*

1. J'habite en Espagne. ⇒ _____

2. Elle aime le Japon. ⇒ _____

3. Je suis de Paris. ⇒ _____

4. Ils aiment la chimie. ⇒ _____

5. Tu étudies l'anglais. ⇒ _____

■ 5. Répondez aux questions. 質問に答えましょう。

1. Tu habites à Paris ? ⇒ _____

2. Tu étudies l'espagnol ? ⇒ _____

3. Tu parles le chinois ? ⇒ _____

4. Tu aimes les mathématiques ? ⇒ _____

5. Tu es de Sapporo ? ⇒ _____

5

■ 1. 動詞：avoir（〜を持っている）

avoirは不規則動詞です。活用をしっかり覚えましょう。

AVOIR （〜を持っている）			
j'	ai	nous	avons
tu	as	vous	avez
il	a	ils	ont
elle	a	elles	ont

① 持ち物を言うときに使います。
- **J'ai** un ordinateur. 私はパソコンを持っています。
- Tu **as** un dictionnaire ? 辞書持ってる？

② 年齢を言うときにも使います。
- Nous **avons** 19 ans. 私たちは19歳です。
- Ils **ont** 23 ans. 彼らは23歳です。

■ 2. 不定冠詞（2）un, une, des

① 不定冠詞は、聞き手に特定されていない人や物を表すときに使います。
② 単数形の男性名詞にはun、単数形の女性名詞にはune、複数形には男性名詞も女性名詞もdesを使います。

	s.	*pl.*
m.	un	des
f.	une	

- J'ai un livre. 私は本を持っています。（聞き手はどの本か特定できない）
- Léo a des sylos. レオはペンを持っています。（聞き手はどのペンか特定できない）

■ 3. 否定のde（数量0を表すde）

直接目的語に付いた**不定冠詞**は、否定文で **de** になります。

主語 ＋ 動詞 ＋ **un / une / des** ＋ 名詞 → 主語 **ne** 動詞 **pas** ＋ **de** ＋名詞

- J'ai **un** livre. → Je n'ai pas **de** livre. わたしは本を持っていません。
- Nous avons **une** carte. → Nous n'avons pas **de** carte. 私たちはカードを持っていません。
- Léo a **des** stylos. → Léo n'a pas **de** stylos. レオはペンを持っていません。

　　　*否定で des が de になっても、stylos に元々付いていた s は残します。

⚠ 定冠詞は否定になってもdeになりません。

　　J'aime **le** café. → Je n'aime pas **le** café. 私はコーヒーが好きではありません。

⚠ c'est 〜の構文では否定になっても、不定冠詞はde になりません。直接目的語ではないからです。

　　C'est **un** sac. → Ce n'est pas **un** sac. これはカバンではありません。

■ 1. Complétez par le verbe « avoir ». avoir動詞を活用させて入れ、文を完成させましょう。

1. Ils _____ des dictionnaires.
2. Tu _____ un ami français.
3. Elle _____ vingt ans.
4. Nous _____ un stylo noir.
5. Elles _____ un livre intéressant.
6. Tu _____ un ordinateur rapide.
7. Elle _____ deux frères.
8. J'_____ une grande maison.

■ 2. Complétez par « être » ou « avoir ». êtreもしくはavoirを活用させて入れましょう。

1. Je _____ étudiant.
2. Elle _____ vingt ans.
3. Nous _____ français.
4. Tu _____ de Paris.
5. Ils _____ 15 ans.
6. J' _____ un ami japonais.
7. Vous _____ un stylo bleu.
8. Elle _____ musicienne.

■ 3. Complétez par un article indéfini. 適切な不定冠詞を入れましょう。

J'ai _____ sac, _____ stylos, _____ gomme, _____ clés, _____ chaises,

_____ table, _____ montre, _____ ordinateur, _____ appartement, _____ cours.

■ 4. Écoutez et indiquez si c'est singulier ou pluriel. 聞いて、単数形か複数形をチェックしましょう。(♪3-32)

	1	2	3	4	5	6
s.						
pl.						

■ 5. Écoutez et écrivez. 書き取りましょう。(♪3-33)

1. _____
2. _____
3. _____
4. _____
5. _____

■ 6. Mettez les phrases suivantes à la forme négative. 否定文に書き換えましょう。

Exemple : Elles ont des amis français. ⇒ Elles n'ont pas d'amis français.

1. Il a des stylos. ⇒ _____
2. J'ai un dictionnaire. ⇒ _____
3. Vous avez une maison. ⇒ _____
4. Ils ont des livres. ⇒ _____
5. Tu as un ordinateur rapide. ⇒ _____

■ 7. Répondez aux questions. 質問に答えましょう。

1. Est-ce que tu as des mouchoirs dans ton sac ? ⇒ _____
2. Est-ce que tu as des amis français ? ⇒ _____
3. Est-ce que tu aimes le fromage ? ⇒ _____
4. Est-ce que tu aimes les chats ? ⇒ _____
5. Est-ce que tu as un compte Twitter ? ⇒ _____

■ 1. 動詞：faire（する）、aller（行く）

FAIRE（する）			
je	fais	nous	faisons
tu	fais	vous	fait**es**
il	fait	ils	font
elle	fait	elles	font

ALLER（行く）			
je	vais	nous	allons
tu	vas	vous	allez
il	va	ils	vont
elle	va	elles	vont

① faireもallerも不規則動詞です。個別に活用を覚えましょう。

② faireのvousの活用語尾は ez ではなく、es であることに注意しましょう。

③ nous faisons の発音は [fezɔ̃]（フェゾン）ではなく、[fəzɔ̃]（フゾン）です。

④ allerはà と共に使われます。（Je vais **à** Paris. 私はパリに行きます）

⑤ aller の活用、nous allonsとvous allez が avoirの活用と混ざらないよう気をつけましょう。
　　（nous avons 、vous avez は avoirです）

> 家事を表す熟語はfaireを使います。
> 　　faire les courses 買い物をする　/　faire la cuisine 料理する　/　faire le ménage 掃除する

- Je **fais** le ménage le week-end. 私は週末に掃除をする。
- Tu **fais** la cuisine ? 君は料理をするの？
- Jean **fait** les courses au supermarché. ジャンはスーパーマーケットで買い物をする。

■ 2. à＋定冠詞の縮約

① à の後に定冠詞 le や les が来ると、縮約が起こります。

② la, l' の場合は、縮約が起こりません。

前置詞 à と定冠詞の縮約		
à + le	→	au
à + la	→	à la
à + l'	→	à l'
à + les	→	aux

- Nous allons **au** restaurant. 私たちはレストランに行きます。
- Je vais **à la** poste. 私は郵便局に行きます。
- Il va **à l'**université. 彼は大学に行きます。
- Il va **aux** toilettes. 彼はトイレに行きます。

■ 3. 規則動詞：-er（2）

① 以下の動詞は全て -er 型の規則動詞です。

rester とどまる　travailler 働く、勉強する　étudier 勉強する　regarder 見る　téléphoner 電話する
écouter 聞く　chanter 歌う　habiter 住む　parler 話す　aimer 好む

② allerは不規則動詞です。

■ 1. Complétez par le verbe « faire » puis écrivez la phrase à la forme négative.
faireを活用させて入れ、続いて、否定文に書き換えましょう。

1. Ils _____ la cuisine. ⇒   Ils ne _____

2. Tu _____ le ménage. ⇒   _____

3. Elle _____ les courses. ⇒   _____

4. Nous _____ le ménage. ⇒   _____

5. Vous _____ les courses. ⇒   _____

6. Je _____ le ménage. ⇒   _____

■ 2. Complétez par « à, au, à la, aux ». à, au, à la, auxを入れましょう。

1. Lundi, je vais _____ supermarché, _____ université et _____ poste.

2. Mardi, je vais _____ cinéma, _____ café et _____ gare.

3. Mercredi, je vais _____ médiathèque, _____ banque et _____ parc.

4. Jeudi, je vais _____ Shinjuku, _____ Shibuya et _____ Yokohama.

■ 3. Écoutez et indiquez si c'est masculin, féminin ou pluriel. 聞いて、男性単数、女性単数、複数をチェックしましょう。 （♪3-34）

	1	2	3	4	5	6
m.						
f.						
pl.						

■ 4. Écoutez et écrivez. 書き取りましょう。 （♪3-35）

1. _____
2. _____
3. _____
4. _____
5. _____

■ 5. Faites des phrases selon le modèle. 例にならって文を作りましょう。

Exemple : Tu / ménage / dimanche ⇒ Tu fais le ménage le dimanche.

1. Elles / banque / lundi ⇒ _____

2. Je / pas / café / mercredi ⇒ _____

3. Nous / courses / mardi ⇒ _____

4. Elle / pas / université / dimanche ⇒ _____

5. Vous / restaurant / samedi ⇒ _____

■ 6. Répondez aux questions. 質問に答えましょう。

1. Est-ce que tu vas au cinéma le dimanche ? ⇒ _____

2. Est-ce que tu vas à la médiathèque le samedi ? ⇒ _____

3. Est-ce que tu fais les courses le lundi ? ⇒ _____

4. Est-ce que tu regardes des séries sur Netflix ? ⇒ _____

5. Est-ce que tu écoutes de la musique sur YouTube ? ⇒ _____

■ 1. 形容詞の性数

形容詞は、修飾する名詞の性と数に一致します。

un sac vert　　　des sacs vert**s**　緑のカバン

une table vert**e**　des tables vert**es**　緑のテーブル

■ 2. 色の形容詞

	赤	黄色	ピンク	黒	青	緑	グレー	紫	白
m.	rouge	jaune	rose	noir	bleu	vert	gris	violet	blanc
f.	rouge	jaune	rose	noire	bleue	verte	grise	violette	blanche

■ 3. 形容詞の位置

① 原則として、形容詞は名詞の後ろにつけます。

un vélo **vert** 緑の自転車　　une gomme **blanche** 白い消しゴム

un étudiant **japonais** 日本人学生　　des voitures **américaines** アメリカ製の車

② 日常的によく使う、短い、いくつかの形容詞は、例外的に名詞の前につけます。

jeune/jeune	joli/jolie	petit/petite	grand/grande	gros/grosse	bon/bonne	beau/belle
若い	きれいな	小さい	大きい	太い	いい、美味しい	美しい

un jeune musicien 若い音楽家　　une petite tablette 小さなタブレット端末

un grand appartement 大きなアパルトマン　　une jolie maison きれいな家

un grosse voiture 大きな車　　une bonne banane 美味しいバナナ　　un beau sac 美しいカバン

■ 4. 所有形容詞

		所有される物や人		
		m. s.	*f. s.*	*pl.*
所有者	私の	mon	ma	mes
	君の	ton	ta	tes
	彼の／彼女の	son	sa	ses
	私たちの	notre		nos
	あなた（方）の	votre		vos
	彼ら／彼女らの	leur		leurs

① son と sa、mon と ma、ton と ta は、所有者の性別ではなく、所有される物や人の性別によって選びます。
　　son dictionnaire 彼の／彼女の辞書　　**sa** clé 彼の／彼女の鍵

② 母音や無音の h で始まる単数形の女性名詞の前では、発音上の理由から ma ta sa は mon ton son になります。
　　mon amie(*f.*) Sophie 私の友人のソフィー　　**ton** université(*f.*) 君の大学

■ 5. 疑問形容詞　quel

〜はなんですか？と尋ねるときに使います。

	m.	*f.*
s.	quel	quelle
pl.	quels	quelles

- Quel est votre numéro de téléphone ? あなたの電話番号はなんですか？
- Quels sont vos films préférés ? あなたの好きな映画はなんですか？
- Quelle est la voiture de Luc ? リュックの車はどれですか？
- Quelles sont vos couleurs préférées ? あなたの好きな色はなんですか？

■ 1. Qu'est-ce que c'est ? これはなんですか？

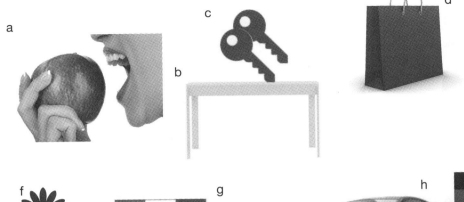

a   c   b   d   e

f   g   h

■ 2. Complétez par « mon, ma, mes ». mon, ma, mesを入れましょう。

⇒ Sur _____ table, il y a _____ crayons bleus, _____ stylos noirs,
_____ livre blanc, _____ clés grises et _____ argent.

✳Écrivez la phrase avec notre / nos : notre, nosを使って書き換えましょう。
*Sur **notre** table, il y a **nos** crayons…*

■ 3. Complétez par « ton, ta, tes ». ton, ta, tesを使って文を完成させましょう。

1. _____ sœur est à Paris.

2. _____ frère habite en France.

3. _____ amie Lisa est très grande.

4. _____ ami Nicolas est sérieux.

5. _____ père et _____ mère sont ici.

6. _____ parents sont gentils.

✳Écrivez les phrases avec **votre** / **vos** : votre, vosを使って書き換えましょう。
***Votre** sœur est à Paris.*

■ 4. Complétez par « son, sa, ses ». son, sa, sesを使って文を完成させましょう。

1. _____ amie ? Elle est japonaise.

2. _____ femme ? Elle est journaliste.

3. _____ nom ? C'est Dupont.

4. _____ frère ? Il aime chanter.

5. _____ mère ? Elle est très jeune.

6. _____ parents sont architectes.

✳Écrivez les phrases avec **leur** / **leurs** : leur, leursを使って書き換えましょう。
***Leur** amie ? Elle est japonaise…*

■ 5. Complétez par « quel, quelle, quels, quelles » puis répondez aux questions.
quelを適切な形にして入れ、続いて質問に答えましょう。

1. _____ sont vos films préférés ? ⇒ _____

2. _____ sont vos chansons préférées ? ⇒ _____

3. _____ est votre dessert préféré ? ⇒ _____

4. _____ est votre adresse e-mail ? ⇒ _____

■ 1. 動詞：vouloir（欲しい）、prendre（買う、とる）

vouloir、prendre は不規則動詞です。活用をしっかり覚えましょう。

- Je **veux** une veste. 私はジャケットが欲しい。　- Vous **prenez** cette robe ? このワンピースを買いますか？

	VOULOIR（欲しい）		
je	veux	nous	voulons
tu	veux	vous	voulez
il	veut	ils	veulent

	PRENDRE（買う、とる）		
je	prends	nous	prenons
tu	prends	vous	prenez
il	prend	ils	prennent

■ 2. 指示形容詞 ce（この、その）

	s.	*pl.*
m.	ce (cet)	ces
f.	cette	

ce pantalon このズボン
cette robe このワンピース
ces jupes これらのスカート
cet ordinateur　このパソコン

＊母音や無音のhで始まる単数形の男性名詞の前では、cetを使います。

■ 3. 直接目的補語人称代名詞

① 直接目的補語とは、動詞の直後に、前置詞を介さず置かれた語句です。（太字部分）
- Je prends **cette robe**. このワンピースを買います。
- Nous aimons **la France**. 私たちはフランスが好きです。

② 直接目的補語人称代名詞は、直接目的補語の繰り返しを避けるために使います。
- Tu prends **ce pull** ? このセーター買う？　— Oui, je prends **ce pull**. → Oui, je **le** prends.

③ 直接目的補語人称代名詞の位置：動詞の直前
- Je **le** prends. 私はそれを買います。- Vous **la** voulez ? それが欲しいですか？

④ 直接目的補語人称代名詞の形（3人称の場合）
- 男性形単数：le（彼を、それを）
  - Je connais <u>Luc</u>. 私はリュックを知っている。→　Je <u>le</u> connais. 私は彼を知っている。
- 女性形単数：la（彼女を、それを）
  - Vous voulez <u>cette jupe</u> ? このスカートが欲しいですか？
    →　Vous <u>la</u> voulez ? これが欲しいですか？
- 複数形：les（彼らを、それらを）
  - Je prends <u>ces cravates</u>. これらのネクタイを買います。→ Je <u>les</u> prends. これらを買います。
- 母音の前では、le も la も l' になります。
  - J'aime <u>Sophie</u>. ソフィーが好きです。→ Je l'aime. 彼女が好きです。

⑤ 直接目的補語人称代名詞 le, la, les に置き換えられるのは、特定化されているもの、
例えば、定冠詞、指示形容詞、所有形容詞が付いているもの、あるいは固有名詞です。
le pantalon　　**ce** pantalon　　**mon** pantalon　　**Luc**

■ 1. Complétez par le verbe « prendre ». 動詞prendreを活用させて入れましょう。

1. Nous _____ ce livre.
2. Il _____ cet ordinateur.
3. Elles _____ ces jupes.
4. Je _____ un café.
5. Vous _____ une photo.
6. Elle _____ un taxi.
7. Ils _____ ces pantalons.
8. Tu _____ cette robe ?

■ 2. Complétez par le verbe « vouloir ». 動詞vouloirを活用させて入れましょう。

1. Nous _____ des jupes.
2. Il _____ une cravate.
3. Elles _____ une veste.
4. Je _____ un pull.
5. Vous _____ une tablette.
6. Elle _____ une chemise.
7. Ils _____ un ordinateur.
8. Tu _____ un croissant.

■ 3. Complétez par « ce, cet, cette, ces ». 指示形容詞ceを適切な形にして入れましょう。

Je veux _____ pantalon, _____ jupes , _____ montre, _____ ordinateur, _____ pull,

_____ table, _____ voiture, _____ sacs, _____ appartement, _____ veste.

■ 4. Écoutez et indiquez si c'est masculin, féminin ou pluriel. 聞いて、男性形、女性形、複数形をチェックしましょう。（♪3-36）

	1	2	3	4	5
m.					
f.					
pl.					

■ 5. Écoutez et écrivez le prix. 値段を聞き取りましょう。（♪3-37）

	rouge		bleu	
	40	44	40	44
jupe				
veste				
robe				

■ 6. Répondez selon l'exemple : 例にならって答えましょう。

Exemple : Est-ce que vous voulez cette jupe ? ⇒ — Oui, je la veux.

1. Est-ce qu'il veut ces photos ? ⇒ _____
2. Est-ce qu'elle veut cette robe ? ⇒ _____
3. Est-ce que tu veux cet ordinateur ? ⇒ _____
4. Est-ce que vous voulez ces cravates ? ⇒ _____
5. Est-ce qu'ils veulent cette veste ? ⇒ _____

■ 7. Complétez par « le, la, les, l' ». 直接目的補語人称代名詞 le, la, les, l'を入れましょう。

1. Ma clé, je _____ prends toujours, je _____ range dans mon sac.
2. Madame Justin, nous _____ aimons et nous _____ respectons.
3. Ces cravates, tu _____ veux ? Tu _____ prends ?
4. Ce pantalon, je _____ porte souvent. Je _____ aime beaucoup.
5. Tes amis, nous _____ aimons bien, nous _____ voulons dans notre équipe.

■ 1. 部分冠詞：du, de la

① 部分冠詞は、聞き手に特定されていない、数えられない物を表すときに使います。

② 男性名詞には du、女性名詞には de la を使います。

③ 母音もしくは無音の h で始まる名詞の前では、du、de la 共に de l' になります。

部分冠詞	
m.	du (de l')
f.	de la (de l')

- Je prends **du** café le matin. 私は朝コーヒーを飲みます。
- Vous prenez **de la** confiture ？ジャムを食べますか？
- Julie prend **de l'**eau. ジュリーは水をのみます。

■ 2. 代名詞 en

代名詞 en で置き換えられるのは、特定化されていないもの、
例えば部分冠詞 (du, de la) や不定冠詞、数量表現 (un kilo de など) がついているものです。

- Tu veux **du thé** ？紅茶いる？ — Oui, j'**en** veux bien. ええ、欲しいわ。 （部分冠詞が付いている）
- Vous voulez **des fraises** ？イチゴはいかがですか？
  — Oui, j'**en** veux bien. はい、いただきます。 （不定冠詞 des がついている）
- Tu prends **1 kilo de pommes** ？りんご 1 キロ買う？
  — Oui, j'**en** prends <u>1 kilo</u>. はい、 1 キロ買います。
  （数量表現が付いている。数量表現は動詞の後に残します。）

■ 3. 数量を表す表現

1 kg	un kilo de	un kilo de tomates	トマト 1 キロ
500 gr	500 grammes de	500 grammes de raisin	ぶどう 500 グラム
1 L	un litre de	un litre de lait	牛乳 1 リットル
12	une douzaine de	une douzaine d'œufs	卵 1 ダース
	un pot de	un pot de confiture	ジャム 1 瓶
	une bouteille de	une bouteille d'eau	水 1 瓶
	un paquet de	un paquet de pâtes	パスタ 1 袋

① un kilo de, un litre de, une bouteille de など、de がある場合、名詞に冠詞は付けません。
      un kilo de pommes   une bouteille de lait

② 母音もしくは無音の h で始まる語の場合、de がエリズィオンを起こして d' になることに注意。
      un kilo **d'**oranges   un litre **d'**eau

■ 1. Complétez par « un, une des, du, de la, de l' ». 不定冠詞、もしくは部分冠詞を入れましょう。

1. Le matin, je prends _____ thé ou _____ café avec _____ pain et _____ beurre.

2. Le soir, je mange _____ pain avec _____ fromage. Je prends aussi _____ dessert.

3. Ils achètent _____ salade, _____ fraises, _____ eau et _____ bananes.

4. Elle prend _____ riz, _____ soupe, _____ poisson ou _____ viande.

■ 2. Répondez en utilisant le pronom "en". 中性代名詞enを使って答えましょう。

Exemple : Est-ce que tu prends du pain le matin ? ⇒ *— Oui, j'en prends.*

1. Est-ce qu'il veut de l'eau ? ⇒ — Oui, _____

2. Est-ce qu'elle prend du thé ? ⇒ — Non, _____

3. Est-ce que tu mets du sucre dans ton café ? ⇒ — Non, _____

4. Est-ce que tu achètes des bananes ? ⇒ — Oui, _____

5. Est-ce qu'ils veulent du gâteau ? ⇒ — Non, _____

■ 3. Répondez en utilisant le pronom "en" + une quantité. 中性代名詞enと数量を表す表現を使って答えましょう。

Exemple : Est-ce que tu prends des oranges ? (1kg) ⇒ *— Oui, j'en prends un kilo.*

1. Est-ce qu'il veut du thé ? (un peu) ⇒ — Oui, _____

2. Est-ce qu'elles veulent du lait ? (1l) ⇒ — Oui, _____

3. Est-ce que vous achetez de la farine ? (1kg) ⇒ — Oui, _____

4. Est-ce que tu veux des œufs ? (12) ⇒ — Oui, _____

5. Est-ce qu'ils achètent de la confiture ? (un pot) ⇒ — Oui, _____

■ 4. Retrouvez l'ordre du dialogue. 並べ替えて会話を作りましょう。

- a. Oui.
- b. Au revoir monsieur, bonne journée.
- c. Bonjour madame.
- d. Alors, ça fait trois euros cinquante.
- e. Ce sera tout ?
- f. Bonjour, je voudrais deux kilos de pommes.

1	2	3	4	5	6
c					

■ 5. Écoutez et complétez le texte. 音声を聞いて、下線部を埋めましょう。(♪3-38)

Je prends _____ pain avec _____ eau. Je veux aussi

_____ pâtes et _____ oranges, _____ oranges.

Et toi ? Tu prends _____ confiture ?

— Non, merci. Je ne veux pas _____ confiture.

23

■ 1. 部屋の名称

l'entrée	玄関
la salle de bains	浴室
les toilettes	トイレ
le séjour	居間
la cuisine	キッチン
la chambre	寝室
le bureau	書斎
le couloir	廊下

■ 2. 位置関係を表す語句

devant	～の前	devant la télévision	テレビの前
derrière	～の後ろ	derrière la boîte	箱の後ろ
sur	～の上	sur le lit	ベッドの上
sous	～の下	sous la table	テーブルの下
dans	～の中	dans le bocal	金魚鉢の中
entre ... et ...	～と～の間	entre le lit et la table	ベッドとテーブルの間
à droite de	～の右	à droite de la chaise	イスの右
à gauche de	～の左	à gauche de l'entrée	玄関の左
au fond de	～の奥	au fond du couloir	廊下の奥
en face de	～の向かい	en face de la salle de bains	浴室の向かい

■ 3. de＋定冠詞の縮約

de の後に定冠詞 le や les が来ると、以下のように縮約が起こります。

前置詞 de と定冠詞の縮約		
de + le	→	du
de + la	→	de la
de + l'	→	de l'
de + les	→	des

1) La cuisine est au fond **du** couloir. キッチンは廊下の奥にあります。
2) Le séjour est à gauche **de la** cuisine. 居間はキッチンの左にあります。
3) La chambre est à droite **de l'**entrée. 寝室は玄関の右にあります。
4) La salle de bains est en face **des** toilettes. 浴室はトイレの向かいです。

■ 4. 東西南北

位置関係を示す時は、au nord de～、au sud de～、à l'est de～、à l'ouest de～、となります。

1) L'Espagne est au sud-ouest de la France.
   スペインはフランスの南西にあります。
2) La France est au sud de l'Angleterre.
   フランスはイギリスの南にあります。
3) La Suisse est à l'est de la France.
   スイスはフランスの東にあります。
4) La Belgique est à l'ouest de l'Allemagne.
   ベルギーはドイツの西にあります。

■ 1. Observez le plan et dites si les affirmations ci-dessous sont correctes.
図面を見て、1～6の文が正しいか否か言いましょう。

A

トイレ	
浴室	寝室
居間	キッチン

玄関

1. Le séjour est à gauche de l'entrée.
2. Les toilettes sont en face du bureau.
3. La chambre est en face de la salle de bains.
4. La chambre est à droite des toilettes.
5. La cuisine est en face de la salle de bains.
6. Les toilettes sont au fond du couloir.

■ 2. Complétez. 下線部を埋めましょう。

1. Il y a un chat derrière _____ lit.   2. À droite _____ chaise, il y a une table.

3. Les toilettes sont en face _____ salle de bains.   4. La cuisine est au fond _____

couloir, à droite.   5. La chambre est à gauche _____ entrée.

■ 3. Répondez aux questions en variant les réponses.
できるだけ違う表現を使って、質問に答えましょう。

1. Où est la lampe ?
2. Où sont les livres ?
3. Où est la bouteille ?
4. Où est la guitare ?
5. Où est la clé ?

■ 4. Regardez le dessin (3) et complétez le texte par la préposition manquante.
3の絵を見て、下線部に必要な前置詞を入れましょう。

La lampe est à _____ de la clé. La clé est _____ la bouteille et la lampe.
La guitare est _____ la table. Les lunettes sont _____ la table. La
chaise est à _____ de la table. Les livres sont _____ la chaise. La
montre est _____ la chaise. La table est _____ la guitare.

■ 5. Complétez par les directions (au nord, au sud, etc.) faites la contraction si
nécessaire. 方位を表す表現を入れましょう。必要なら前置詞と冠詞の縮約をしましょう。

L'Italie est _____ la France. La Belgique est _____ la France. La
France est _____ l'Espagne. Le Portugal est _____ l'Espagne.
Le Canada est _____ les États-Unis.

■ 1. 命令形

① 英語と異なり、フランス語には、vousに対する命令、tuに対する命令、nousに対する命令（勧誘）の3種類があります。

② 主語は落ちていますが、活用語尾を見れば、誰に対する命令なのかがわかります。

命令形の作り方：平叙文の主語を落とします

平叙文	命令文	
Vous écoutez bien.	→ Écoutez bien !	よく聞いてください。
Nous regardons ce film.	→ Regardons ce film !	この映画を見ましょう。
Tu fais la cuisine.	→ Fais la cuisine !	料理をして。

⚠ tu の活用が es で終わっている場合と、tu vas (aller) の場合は、活用語尾からsを取ります

Tu téléphones à Marie.	→ Téléphone à Marie !	マリーに電話しなさい。
Tu vas à Paris.	→ Va à Paris !	パリに行きなさい。

■ 2. 中性代名詞 y

① y は、場所を表す状況補語の繰り返しを避けるために使います。

② y は、動詞の直前に入れます。

A : Vous allez <u>au supermarché</u> ?

B : Oui, je vais <u>au supermarché</u> le samedi. → Oui, j'**y** vais le samedi.（au supermarchéを置き換えています。）

B : Non, je ne vais pas <u>au supermarché</u>. → Non, je n'**y** vais pas.

■ 3. 道順を伝える表現

tournez à droite	右に曲がってください
tournez à gauche	左に曲がってください
traversez	渡ってください
passez devant	～の前を通り過ぎてください
allez tout droit	まっすぐ行ってください
continuez un peu	少し続けて行ってください
C'est sur votre droite.	あなたの右手にあります
C'est sur votre gauche.	あなたの左手にあります

■ 4. 商店

une boulangerie	パン屋
une pâtisserie	ケーキ屋
une pharmacie	薬局
une boucherie	肉屋
une poissonnerie	魚屋
une librairie	本屋

- Allez tout droit jusqu'au feu. 信号までまっすぐ行ってください。
- Tournez à droite à la boulangerie. パン屋で右に曲がってください。
- Traversez la place. 広場を突っ切ってください。
- Passez devant la pharmacie. 薬局の前を通り過ぎてください。
- C'est sur votre gauche. あなたの左手にあります。

■ **1. Écrivez les phrases suivantes à l'impératif.** 命令文に書き直しましょう。

Exemple : Vous tournez à gauche. ⇒ *Tournez à gauche !*

1. Tu vas à la boulangerie. ⇒ _____
2. Nous traversons la rue. ⇒ _____
3. Vous passez devant un cinéma. ⇒ _____
4. Tu écoutes le professeur. ⇒ _____
5. Tu prends une baguette. ⇒ _____

■ **2. Répondez selon le modèle.** 例にならって答えましょう。

Exemple : Tu vas à la boucherie aujourd'hui ? — Non, je n'y vais pas aujourd'hui, j'y vais demain.

1. Ils vont à la pharmacie aujourd'hui ? ⇒ _____
2. Tu vas à la médiathèque aujourd'hui ? ⇒ _____
3. Vous allez au cinéma aujourd'hui ? ⇒ _____
4. Elle va à la poste aujourd'hui ? ⇒ _____
5. Tu vas à l'université aujourd'hui ? ⇒ _____

■ **3. Associez les lieux aux définitions.** 定義を読んで、お店の名前を書きましょう。

Exemple : On y vend des gâteaux. ⇒ *la pâtisserie*

1. On y vend des livres. ⇒ _____
2. On y vend du poisson. ⇒ _____
3. On y vend de la viande. ⇒ _____
4. On y vend des médicaments. ⇒ _____
5. On y vend du pain. ⇒ _____

■ **4. Complétez les légendes des illustrations ci-dessous.** フランス語の表現を書きましょう。

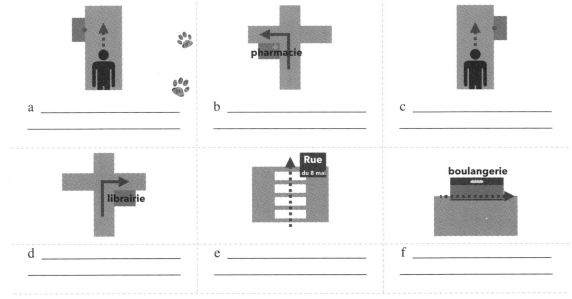

a _____
_____

b _____
_____

c _____
_____

d _____
_____

e _____

f _____
_____

■ 1. 疑問文の作り方（1）（疑問詞がない場合）

1	イントネーションを上げる	Vous allez à Paris ? Elle parle l'italien ?	パリに行くのですか？ 彼女はイタリア語を話しますか？
2	文頭に Est-ce que を付ける	Est-ce que vous allez à Paris ? Est-ce qu'elle parle l'italien ?*	パリに行くのですか？ 彼女はイタリア語を話しますか？

* Est-ce que の後に母音や無音の h で始まる語が来ると、エリズィヨンを起こして Est-ce qu' になります。

■ 2. 疑問文の作り方（2）（疑問詞がある場合）

1	平叙文の語順を変えずに、尋ねたい部分を疑問詞に替える	Vous partez <u>quand</u> ? Il va <u>où</u> ?	いつ出発するのですか？ 彼はどこに行くのですか？
2	文頭に「疑問詞 ＋ est-ce que」を付ける 残りは平叙文の語順	<u>Quand</u> est-ce que vous partez ? <u>Où</u> est-ce qu'il va ?	いつ出発するのですか？ 彼はどこに行くのですか？

	1	2	訳
1	Tu vas <u>où</u> ?	<u>Où</u> est-ce que tu vas ?	どこに行くの？
2	Tu pars <u>quand</u> ?	<u>Quand</u> est-ce que tu pars ?	いつ出発するの？
3	Tu fais <u>quoi</u>* ?	<u>Qu'est-ce que</u>** tu fais ?	何をしているの？
4	Tu aimes <u>qui</u> ?	<u>Qui</u> est-ce que tu aimes ?	君は誰が好きなの？
5	Tu travailles <u>avec qui</u> ?	<u>Avec qui</u> est-ce que tu travailles ?	誰と働いているの？
6		<u>Pourquoi</u> est-ce que tu aimes Paris ?	どうしてパリが好きなの？

* quoiは、疑問詞que（何を）の強勢形です。動詞の後に残す場合はquoiになります。

** queは、est-ce queの前ではエリズィオンを起こしてqu'になります。

■ 3. 近接未来（これから～する）

① これからすること、するつもりのことを表します。

② 作り方：aller の活用形 ＋ 不定詞

- Je **vais faire** le ménage. 私はこれから掃除をします。
- Quand est-ce que tu **vas partir** ? 君はいつ出発するのですか？
- Ils **vont arriver** à l'aéroport. 彼らはこれから空港に着きます。

■ 4. 動詞：partir（出発する）、dormir（眠る）

partir、dormir、sortir（出かける）、sentir（感じる）は、同じ活用をします。

PARTIR（出発する）

je	pars	nous	partons
tu	pars	vous	partez
il	part	ils	partent

DORMIR（眠る）

je	dors	nous	dormons
tu	dors	vous	dormez
il	dort	ils	dorment

■ 1. Redites selon l'exemple. 例にならって、est-ce queをつけて質問しましょう。

Exemple : Tu vas à Paris ? ⇒ Est-ce que tu vas à Paris ?

1. Tu pars demain ? ⇒ _____

2. Vous arrivez ce soir ? ⇒ _____

3. Elle a des amis italiens ? ⇒ _____

4. Ils étudient l'anglais ? ⇒ _____

5. Elles aiment cette musique ? ⇒ _____

■ 2. Trouvez la question. 次の答えが得られる質問を書きましょう。

1. _____ ? — Je pars demain.

2. _____ ? — Je viens avec mon frère.

3. _____ ? — Parce que le cinéma français est intéressant.

4. _____ ? — Je vais à Paris.

5. _____ ? — Je travaille !

■ 3. Posez la question d'une autre manière. 例にならって、別の聞き方で質問しましょう。

Exemple : Elle va à Paris ? ⇒ Est-ce qu'elle va à Paris ?

1. Avec qui est-ce qu'elles viennent demain ? ⇒ _____

2. Quand est-ce que tu arrives ? ⇒ _____

3. Ils sont japonais ? ⇒ _____

4. Tu habites où ? ⇒ _____

5. Qu'est-ce que tu dis ? ⇒ _____

■ 4. Conjuguez les verbes entre parenthèses au futur proche.
カッコ内の動詞を近接未来にして文を完成させましょう。

1. Je _____ (faire) le ménage et je _____ (partir) tôt.

2. Pourquoi est-ce qu'elles _____ (dire) ça ?

3. Ils _____ (regarder) un film, ensuite ils _____ (aller) dormir.

4. Nous _____ (étudier) pour l'examen de vendredi.

5. Vous _____ (faire) quoi cet été ?

■ 5. Conjuguez les verbes entre parenthèses au présent. 動詞を現在形に活用させましょう。

1. Je _____ (dormir) beaucoup. Et toi, est-ce que tu _____ (dormir) beaucoup ?

2. Elles _____ (partir) demain. Et vos amis, est-ce qu'ils _____ (partir) aussi ?

3. Il _____ (partir) en vacances. Et toi, est-ce que tu _____ (partir) aussi ?

4. Je _____ (dormir) bien la nuit. Et vous, est-ce que vous _____ (dormir) bien aussi ?

5. Nous _____ (partir) cette nuit, alors nous ne _____ (dormir) pas.

13

■ 1. 天気

il fait beau	晴れている	il fait orageux	荒れ模様、雷雨
il fait chaud	暑い	il fait nuageux	曇っている
il fait froid	寒い	il fait humide	湿気がある
il fait bon	気持ちがいい天気だ	il pleut	雨が降っている
il fait 20 degrés	20℃	il neige	雪が降っている

① 天気を表す表現は、非人称主語 il を使います。

- **Il** fait beau. 天気がいい。
- **Il** pleut. 雨が降っている。

このilは、「彼は、それは」の意味を持たず、形式的に入れられた主語です。

② 天気を尋ねるときは、Quel temps fait-il ?

A : Quel temps fait-il à Bruxelles aujourd'hui ? ブリュッセルは今日どんなお天気ですか?

B : Il fait froid et il pleut. 寒くて雨が降っています。

A : Quel temps fait-il à Nice en été ? ニースでは、夏どんな天気ですか?

B : Il fait toujours beau et très chaud. いつも天気が良くて、とても暑いです。

■ 2. 時刻

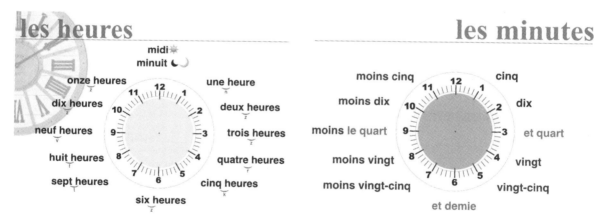

① 時刻を言う時も、非人称主語 il を使います。

- **Il** est deux heures. 2時です。
- **Il** est six heures moins le quart. 6時15分前です。

② 時刻を尋ねるときは、Quelle heure est-il ?

A : Quelle heure est-il maintenant ? いま何時ですか?

B : Il est trois heures et demie. 3時半です。

■ 1. Lisez le texte et trouvez les quatre erreurs puis répondez aux questions.
テキストを読んで、4つの間違いを見つけましょう。続いて、質問に答えましょう。

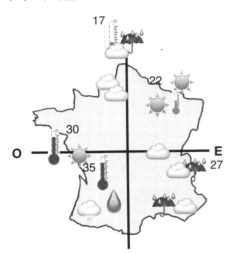

Dans le sud-est, il fait nuageux, il pleut, il fait froid.

Dans le nord-est, il fait beau, il fait chaud, il fait 22 degrés.

Dans l'ouest, il fait beau et il fait chaud.

Dans le sud-ouest, il fait froid, il fait beau et il fait

Questions :

1. Quel temps fait-il dans l'ouest ?
2. Quel temps fait-il dans le sud-est ?
3. Est-ce qu'il fait beau dans le nord ?

■ 2. Décrivez la carte ci-dessous. 以下の各地の天気を書きましょう。

_____
_____
_____
_____
_____
_____

■ 3. Écrivez les heures. 例にならって時刻を書きましょう。

Exemple : 8h40 : Il est huit heures quarante. / Il est neuf heures moins vingt.

11h40 : _____
_____

10h50 : _____
_____

02h15 : _____
_____

00h30 : _____
_____

09h35 : _____
_____

07h45 : _____
_____

■ 1. 代名動詞

代名動詞とは、再帰代名詞を伴った動詞です。

> **se** laver 身体を洗う　**se** maquiller お化粧をする　**se** réveiller 目覚める　**se** raser ヒゲをそる
>
> **se** coucher 寝る　**se** reposer 休憩する　**s'**habiller 服を着る　**s'**aimer 愛し合っている

（1）再帰的用法

主語から出た行為が、主語に及ぶ用法。

- Je couche le bébé. 私は赤ちゃんを寝かせる。　（直接目的語 le bébé に行為が及ぶ）
- Je me couche. （私は自分を寝かせる→）私は寝る。　（再帰代名詞 me に行為が及ぶ）
- Marie habille sa fille. マリーは娘に服を着せる。
- Marie s'habille. （マリーは自分に服を着せる→）マリーは服を着る。

SE COUCHER（寝る）					
je	me	couche	nous	nous	couchons
tu	te	couches	vous	vous	couchez
il	se	couche	ils	se	couchent

S'HABILLER（服を着る）					
je	m'	habille	nous	nous	habillons
tu	t'	habilles	vous	vous	habillez
il	s'	habille	ils	s'	habillent

* 再帰代名詞 se は、主語によって形を変えます。（活用表参照）

* me, te, se は、母音や無音のhで始まる動詞の前では、それぞれ m', t', s' となります。

- Elle s'habille à 8 heures. 彼女は8時に服を着る。

（2）受動的用法

主語は常にもので、「～される」の意味を表します。

- "Konichiwa" **se dit** comment en français ? 「こんにちは」はフランス語でどう言うのですか？
- Ça **se dit** "Bonjour." ボンジュールと言います。
- Ça **se prononce** comment ? どう発音するのですか？

（3）相互的用法

主語は常に複数で、「お互いに」の意味を表します。

- Ils **s'aiment** beaucoup. 彼らはとても愛し合っている。
- Nous **nous téléphonons** tous les soirs. 私たちは毎晩電話をかけ合っている。
- Vous **vous envoyez** des messages ? お互いにメッセージを送り合っていますか？

■ 2. 代名動詞の否定形

再帰代名詞と動詞の両方をneとpasで挟みます。

- Je me maquille.　→　Je **ne** me maquille **pas**.

SE COUCHERの否定形	
je **ne** me couche **pas**	nous **ne** nous couchons **pas**
tu **ne** te couches **pas**	vous **ne** vous couchez **pas**
il **ne** se couche **pas**	ils **ne** se couchent **pas**

S'HABILLERの否定形	
je **ne** m'habille **pas**	nous **ne** nous habillons **pas**
tu **ne** t'habilles **pas**	vous **ne** vous habillez **pas**
il **ne** s'habille **pas**	ils **ne** s'habillent **pas**

■ **1. Complétez par "me, te, se, nous, vous".** 再帰代名詞 me, te, se, nous, vousを入れましょう。

1. Nous _____ lavons, ensuite nous _____ couchons.

2. Elle _____ couche à quelle heure ? — Elle _____ couche à 8 heures.

3. Et lui, il _____ couche à quelle heure ?

4. Vous _____ maquillez tous les jours ? — Oui, je _____ maquille tous les matins !

5. Le matin, je _____ réveille tôt, je _____ réveille à 5 heures.

6. Et toi ? Tu _____ réveilles tôt ?

■ **2. Conjuguez les verbes entre parenthèses.** カッコ内の動詞を活用させましょう。

1. Tu _____ (se laver) et tu _____ (se coucher) avant minuit.

2. Il _____ (se raser) ensuite il _____ (s'habiller).

3. Nous _____ (se reposer) l'après-midi. Et nous _____ (se coucher) tard.

4. Je _____ (se laver) toujours le soir.

5. Elles _____ (se réveiller) à 6 heures.

■ **3. Trouvez une légende pour chaque image.** 写真の下に説明を書きましょう。

■ **4. Écrivez les phrases suivantes à la forme négative.** 否定文に書き換えましょう。

1. Tu te reposes chez toi. ⇒ _____

2. Vous vous réveillez à 8 heures. ⇒ _____

3. Je m'habille. ⇒ _____

4. Ils s'aiment beaucoup. ⇒ _____

5. Ça se prononce "komik". ⇒ _____

■ **5. Répondez aux questions.** 質問に答えましょう。

1. Tu te réveilles à quelle heure ? ⇒ _____

2. Tu te laves le matin ou le soir ? ⇒ _____

3. Est-ce que tu te reposes l'après-midi ? ⇒ _____

4. Est-ce que tu te maquilles ? ⇒ _____

5. Tu t'habilles avant le petit déjeuner ? ⇒ _____

■ 1. 主語 on

① 用法：

1) nousの代わり

- Qu'est-ce qu'**on** fait demain ? 明日何する？
- **On** va au musée Picasso ? ピカソ美術館に行こうか？

2)「人々は」の意味。特に主語を明言する必要のないときに使います。

- **On** parle l'anglais et le français au Canada. カナダでは英語とフランス語を話します。
- Au Japon, **on** roule à gauche. 日本では（車は）左側を走ります。

② 活用形：常に3人称単数形（il/elleと同じ活用形）

- On **parle** le portugais au Brésil. ブラジルではポルトガル語を話します。

■ 2. 間接目的補語人称代名詞

① 間接目的補語とは、動詞の後に、前置詞àを介して置かれた語句です。

- Je téléphone **à Marie**. 私はマリーに電話します。（à Marieは、間接目的補語）

② 間接目的補語人称代名詞は、間接目的補語の繰り返しを避けるために使います。

A：Tu téléphones **à tes parents** ? ご両親に電話する？

B：Oui, je téléphone **à mes parents**. → Oui, je **leur** téléphone. はい、彼らに電話します。

③ 間接目的補語人称代名詞の位置：動詞の直前

④ 間接目的補語人称代名詞の形（3人称の場合）

◇ 単数形：lui (彼に、彼女に)

- Tu dis "Bonjour" **au directeur** ? 部長に「こんにちは」と言う？ → Tu **lui** dis "Bonjour" ?
- J'envoie des e-mails **à Lucie**. 私はルシーにメールを送ります。 → Je **lui** envoie des e-mails.

◇ 複数形：leur (彼らに、彼女たちに)

- Léo offre des fleurs **à ses amis**. レオは友人に花を贈る。 → Léo **leur** offre des fleurs.

■ 3. 進行形（今〜しているところ）

作り方：être en train de ＋ 動詞の不定詞

- Je **suis en train de** parler avec Marion. マリオンと話している最中です。
- Mathieu **est en train de** chercher sa clé. マティウは鍵を探しているところです。
- Elle est **en train de** se maquiller. 彼女はお化粧をしているところです。

■ 4. 近接過去（〜したばかり）

作り方：venir de ＋ 動詞の不定詞

- Je **viens de** lui téléphoner. 彼に電話したところだ。
- Nous **venons de** rentrer. 私たちは帰ってきたばかりだ。

■ 1. Indiquez la valeur du pronom sujet "on".

主語代名詞onの意味を選びましょう。

		les gens 人々は	nous
1	À Paris, on se repose dans les parcs, on visite la ville.	❏	❏
2	On parle allemand en Autriche.	❏	❏
3	Mon frère et moi, on adore voyager.	❏	❏
4	On va au restaurant ? — Ok !	❏	❏
5	En France, on roule à droite.	❏	❏

■ 2. Répondez comme dans l'exemple. 例にならって答えましょう。

Exemple : Est-ce que tu téléphones à tes parents ? — Oui, je leur téléphone.

1. Est-ce qu'elle dit bonjour à sa voisine ? — Oui, _____

2. Est-ce que vous envoyez une carte à vos parents ? — Oui, _____

3. Est-ce que tu offres des fleurs à ta grand-mère ? — Oui, _____

4. Est-ce qu'il parle encore à ses amis ?— Oui, _____

■ 3. Regardez les photos et écrivez ce qu'ils sont en train de faire.

写真を見て、彼らが今していることを書きましょう。

a _____
_____

b _____

c _____

d _____

Et toi ? Qu'est-ce que tu es en train de faire ?
⇒ _____

■ 4. Faites des phrases comme dans l'exemple. 例にならって文を作りましょう。

Exemple : ils / envoyer un message / téléphoner :

⇒ *Ils viennent d'envoyer un message. Ils sont en train de téléphoner.*

1. je / étudier / boire un café ⇒ _____

2. elles / traverser / passer devant la pharmacie ⇒ _____

3. tu / faire la cuisine / regarder la télé ⇒ _____

4. nous / faire le ménage / boire un thé ⇒ _____

5. vous / arriver à l'université / parler ⇒ _____

■ 1. 複合過去（1）

用法：過去の行為や出来事を語るときに使います。

作り方：助動詞 avoirの現在形 ＋ 動詞の過去分詞

PARLER	
j' ai parlé	nous avons parlé
tu as parlé	vous avez parlé
il a parlé	ils ont parlé

- **J'ai fait** une quiche. 私はキッシュを作った。
- Vous **avez vu** Paul ? ポールに会いましたか？

■ 2. 過去分詞の作り方

-er → -é	manger → mang**é** travailler → travaill**é**	donner → donn**é** habiter → habit**é** aimer → aim**é**
-ir → -i	finir → fin**i** choisir → chois**i**	dormir → dorm**i** sentir → sent**i**
その他	être → été avoir → eu voir → vu vouloir → voulu pouvoir → pu	boire → bu attendre → attendu prendre → pris faire → fait offrir → offert

■ 3. 複合過去の否定形

作り方：avoir を ne ... pas で挟む

- Je **n'ai pas** travaillé hier. 私は昨日働かなかった。
- Nous **n'avons pas** vu Paul. 私たちは、ポールに会わなかった。

■ 4. 時を表す表現（1）

avant-hier 一昨日	hier 昨日	aujourd'hui 今日
jeudi matin 木曜の朝	hier matin 昨日の朝	ce matin 今朝
jeudi après-midi 木曜の午後	hier après-midi 昨日の午後	cet après-midi 今日の午後
jeudi soir 木曜の晩	hier soir 昨日の晩	ce soir 今晩

- Ce matin, j'ai mangé un croissant. 今朝クロワッサンを食べた。
- Marco a fait la cuisine hier soir. マルコは昨日の晩料理をした。
- Nous avons vu un film coréen dimanche après-midi. 私たちは日曜の午後に韓国映画を観た。
- Hier, vous n'avez pas travaillé ? 昨日働かなかったのですか？

■ 1. Observez les phrases suivantes et cochez la case correspondante.
文が現在形 (présent) か過去形 (passé) かチェックしましょう。

		présent	passé
1	Nous avons parlé à nos amis.	❏	❏
2	Tu manges de la salade.	❏	❏
3	Est-ce que vous avez travaillé vendredi ?	❏	❏
4	Il fait la cuisine ce soir.	❏	❏
5	Elle a fait la cuisine hier matin.	❏	❏

■ 2. Écrivez les phrases ci-dessous au passé composé. 例にならって、複合過去形で続けましょう。

*Exemple : Aujourd'hui, tu **fais** la cuisine.* ⇒ *Hier aussi, tu **as fait** la cuisine.*

1. Aujourd'hui, elle apporte des fleurs. ⇒ _____

2. Aujourd'hui, nous préparons une quiche. ⇒ _____

3. Aujourd'hui, j'invite des amis chez moi. ⇒ _____

4. Aujourd'hui, vous faites du sport. ⇒ _____

■ 3. Écrivez les verbes entre parenthèses au passé composé.
カッコ内の動詞を複合過去形に活用させて文章を完成させましょう。

Jeudi matin, Naomi _____ (**avoir**) un cours d'anglais de 10 heures à 12h30. Ensuite, elle _____ (**manger**) avec ses amies. L'après-midi, elle _____ (**étudier**) jusqu'à 15h. Après, elle _____ (**faire**) du sport. Le soir, Naomi et ses amies _____ (**boire**) un verre dans un bar, elles _____ (**parler**) et après elles _____ (**voir**) un film au cinéma.

■ 4. Répondez à la forme négative. 否定で答えましょう。

Exemple : Est-ce que tu as mangé ? ⇒ *Non, je n'ai pas mangé.*

1. Est-ce que tu as étudié ? ⇒ _____

2. Est-ce qu'ils ont joué au tennis ? ⇒ _____

3. Est-ce que vous avez travaillé ? ⇒ _____

4. Est-ce qu'elle a vu ses amis ? ⇒ _____

■ 5. Répondez. 答えましょう。

1. Vous avez fait quoi ce matin ? _____

2. Vous avez fait quoi hier ? _____

3. Vous avez étudié samedi soir ? _____

■ 1. 複合過去（2）

> 用法：過去の行為や出来事を語るときに使います。

> 作り方：助動詞 être の現在形 ＋ 動詞の過去分詞

- Hier, je **suis allé** à l'université. 昨日私は大学に行った。
- Moi, je **suis resté** chez moi. 私は家にいた。

複合過去を作る時に助動詞 être を使う動詞は、移動を表す、若干の**自動詞**です。
とりあえず、以下のリストの動詞を覚えましょう。

aller (allé) 行く	venir (venu) 来る	devenir (devenu)〜になる
partir (parti) 出発する	arriver (arrivé) 到着する	revenir (revenu) 戻ってくる
entrer (entré) 入る	sortir (sorti) 出る	rentrer (rentré) 帰る
naître (né) 生まれる	mourir (mort) 死ぬ	rester (resté) とどまる

- Je **suis arrivé** à midi. 私は正午に到着した。
- Il **est rentré** à quelle heure ? 彼は何時に帰ったの？
- Marco **est né** en 2005. マルコは2005年に生まれた。
- Lucas **est devenu** musicien. ルカは音楽家になった。

■ 2. 過去分詞の性数一致

助動詞に être を使う場合、過去分詞は主語の性・数に一致させます。

ALLER

je suis allé(e)	nous sommes allé(e)s
tu es allé(e)	vous êtes allé(e)(s)
il est allé	ils sont allés
elle est allée	elles sont allées

- **Charles** est devenu pianiste. シャルルはピアニストになった。
- **Marie** est sortie avec Louis. マリーはルイと出かけた。
- **Les étudiants** sont arrivés à l'heure. 学生は時間通りに着いた。
- **Mes amies** sont venues chez moi samedi.
  私の友人たち（女性）は土曜日に家にきた。

■ 3. 時を表す表現（2）

il y a trois jours 3日前	il y a une semaine 1週間前	il y a un mois 1ヶ月前	il y a un an 1年前
hier 昨日	la semaine dernière 先週	le mois dernier 先月	l'année dernière 去年
lundi dernier 先週の月曜日	mardi dernier 先週の火曜日	mercredi dernier 先週の水曜日	jeudi dernier 先週の木曜日
en 1990 1990年に			

17

■ 1. Écrivez les phrases ci-dessous au passé composé.
例にならって、複合過去で続けましょう。

*Exemple : Aujourd'hui, je **vais** à Paris.* ⇒ *Hier aussi, je **suis allé** à Paris.*

1. Aujourd'hui, elle va à la boulangerie. ⇒ _____

2. Aujourd'hui, ils arrivent à 9 heures. ⇒ _____

3. Aujourd'hui, tu reviens tôt. ⇒ _____

4. Aujourd'hui, il part à 15 heures. ⇒ _____

5. Aujourd'hui, vous sortez avec vos amis. ⇒ _____

■ 2. Écrivez les verbes entre parenthèses au passé composé.
カッコ内の動詞を複合過去形に活用させて文を完成させましょう。

1. Madame Bernard _____ (**naître**) en 1985.

2. Monsieur Bocuse _____ (**arriver**) lundi dernier.

3. Elles _____ (**venir**) ici deux fois.

4. Vous _____ (**rentrer**) à quelle heure ?

5. Mes amis _____ (**devenir**) célèbres.

■ 3. Complétez et conjuguez les verbes au passé composé.
リストから動詞を選び、複合過去形に活用させて文を完成させましょう。

rester / devenir / mourir / naître / partir / arriver /aller / venir

1. Auguste Rodin _____ en 1840. Il _____ en 1917.

2. Elles _____ à 10 heures. Elles _____ 2 heures. Elles _____ à midi.

3. Je _____ au cinéma avec mon frère.

4. Tu _____ ici hier.

5. Mon amie _____ dentiste.

■ 4. Présentez les personnages historiques ci-dessous.
以下の歴史的人物の生まれた年と死亡した年を書きましょう。

*Exemple : Vincent van Gogh est né en 1853. Il **est mort** en 1890.*

1. Charles de Gaulle (1890 - 1970) : _____

2. Christophe Colomb (1451 - 1506) : _____

3. Simone de Beauvoir (1908 - 1986) : _____

4. Marie Curie (1867 - 1934) : _____

■ 5. Répondez aux questions. 質問に答えましょう。

1. Vous êtes né(e) en quelle année ? _____

2. Est-ce que vous êtes allé(e) au cinéma hier ? _____

3. Vous êtes arrivé(e) chez vous à quelle heure hier ? _____

■ 1. 代名動詞の複合過去

代名動詞の複合過去形の作り方

① 代名動詞の複合過去形には、**être** 助動詞を使います。

② 助動詞 être は、再帰代名詞と過去分詞の**あいだ**に入れます。

③ 過去分詞は、主語の**性数に一致**します。

SE LAVER（身体を洗う）	
je me suis lavé(e)	nous nous sommes lavé(e)s
tu t' es lavé(e)	vous vous êtes lavé(e)(s)
il s' est lavé	ils se sont lavés
elle s' est lavée	elles se sont lavées

- **Laura** s'est lavée ce matin. ロラは今朝身体を洗った。
- **Les musiciens** se sont reposés. 音楽家たちは休息をとった。
- **Les comédiennes** se sont maquillées. 女優さんたちはお化粧をした。

■ 2. 代名動詞の複合過去　否定形

作り方：再帰代名詞と être を ne ... pas で挟む

SE LAVER の否定形	
je **ne** me suis **pas** lavé(e)	nous **ne** nous sommes **pas** lavé(e)s
tu **ne** t' es **pas** lavé(e)	vous **ne** vous êtes **pas** lavé(e)(s)
il **ne** s' est **pas** lavé	ils **ne** se sont **pas** lavés
elle **ne** s' est **pas** lavée	elles **ne** se sont **pas** lavées

- Je **ne** me suis **pas** réveillé à 7 heures ce matin.
  私は今朝7時に目が覚めなかった。
- Nous **ne** nous sommes **pas** couchés tôt hier soir.
  私たちは昨夜早く寝なかった。
- Elle **ne** s'est **pas** habillée en noir. 彼女は黒い服を着なかった。

■ 3. 複合過去のまとめ

1. 複合過去形の作り方：avoir／être ＋ 過去分詞

2. êtreを使用するのは、移動を表す限られた自動詞と、全ての代名動詞

3. êtreを使用する場合、過去分詞は主語の性、数に一致

- **J'ai écouté** la radio hier soir. 昨晩ラジオを聞いた。
- Cécilia **est allée** en France. セシリアはフランスに行った。
- Ils **se sont couchés** à 23 heures. 彼らは２３時に寝た。

複合過去にêtreを使う動詞：
aller venir partir arriver
entrer sortir naître mourir
devenir revenir rentrer rester

40

18

■ 1. Écrivez les verbes entre parenthèses au passé composé.
カッコ内の動詞を複合過去形に活用させましょう。 🐾

1. Elles _____ (se laver), ensuite elles _____ (se maquiller).

2. Il _____ (se promener), ensuite il _____ (se reposer).

3. Vous _____ (se laver), ensuite vous _____ (s'habiller).

■ 2. Répondez négativement. 否定で答えましょう。

1. Est-ce qu'il s'est promené ce matin ? — Non, _____

2. Est-ce que vous vous êtes réveillés tôt ? — Non, _____

3. Est-ce qu'elles se sont habillées en noir ? — Non, _____

4. Est-ce que tu t'es reposé aujourd'hui ? — Non, _____

■ 3. Complétez par l'auxiliaire (avoir / être) correspondant. 助動詞avoirかêtreを入れましょう。

Exemple : Hier, je me __suis__ réveillé tôt et j'__ai__ fait du sport.

1. Tu _____ pris un café et tu _____ mangé des croissants.

2. Ils _____ partis à huit heures et ils _____ arrivés à 9 heures.

3. Vous vous _____ reposé hier et vous n'_____ pas travaillé.

4. Elles _____ venues ici et elles _____ étudié.

5. Tu _____ allée à Paris, Tu _____ fait du shopping.

■ 4. Réécrivez le texte au passé composé. 複合過去形を使って書き換えましょう。

Marie se réveille à 8 heures. Elle se lave, elle s'habille et elle prend le petit déjeuner avec sa sœur. Ensuite, Marie et sa sœur sortent. Elles vont à Paris. Elles arrivent à Paris à 14 heures. Elles vont au restaurant. Elles font du shopping. Elles regardent les robes. Elles n'achètent pas de robe. Elles rentrent à 21h. Le soir, elles boivent un thé et elles se couchent à minuit.

⇒ **Hier, Marie s'** _____

_____

_____

_____

_____

🐾

■ 5. Répondez aux questions. 質問に答えましょう。

1. Quand est-ce que vous avez fait du sport ? _____

2. Où est-ce que vous êtes allé(e) hier ? _____

3. Avec qui est-ce que vous avez parlé ce matin ? _____

4. À quelle heure est-ce que vous êtes parti(e) ce matin ? _____

5. Est-ce que vous vous êtes promené(e) hier ? _____

19

■ 1. 比較級

作り方：　plus / moins / aussi　＋　形容詞／副詞　＋　(que〜)

- Paul est grand. ポールは背が高い。　→　Paul est **plus** grand **que** Sophie. ポールはソフィーより背が高い。
- Marie est élégante. マリーはエレガントだ。　→　Marie est **aussi** élégante **que** Clara.
  マリーはクララと同じくらいエレガントだ。
- Nous parlons vite. 私たちは速く話す。　→　Nous parlons **moins** vite **que** le professeur.
  私たちは先生ほど速く話さない。

① 形容詞は、主語の性・数に一致します。　**Marie** est plus grande que Léa.
　　　　　　　　　　　　　　　　　　　Nous sommes aussi intelligents qu'eux.
② 副詞は、主語の性・数に一致しません。　**Laure** se lève plus **tard** que Luc.
　　　　　　　　　　　　　　　　　　　Nous parlons plus **vite** que Léa.

■ 2. 最上級

形容詞の場合	le, la, les　＋　plus / moins　＋　形容詞　＋　(de 〜)
副詞の場合	le　＋　plus / moins　＋　副詞　＋　(de 〜)

① 形容詞の場合、定冠詞と形容詞は主語の性・数に一致します。
  - Marie est **la** plus grand**e** de la famille. マリーは家族で一番背が高い。
  - Nous sommes **les** plus grand**s** de la classe. 私たちはクラスで一番背が高い。
② 副詞の場合、定冠詞(le)も副詞も不変です。
  - Louise se couche **le** plus **tôt** de la famille. ルイーズは家族で一番早く寝ます。
  - Flore et Chantal parlent **le** plus **vite** de la classe. フロールとシャンタルは、話すのがクラスで一番早い。

■ 3. 不定詞構文

vouloir（〜したい）/ pouvoir（〜できる）/ devoir（〜なければならない）　＋　不定詞

① vouloir, pouvoir, devoir の後には、動詞の不定詞がきます。
  - Je **veux dormir**. 私は眠りたい。
  - Vous **pouvez venir** tôt demain ? 明日早く来られますか？
② 否定形は、vouloir, pouvoir, devoir を ne … pas で挟みます。
  - Tu **ne** peux **pas** venir ? 来られないの？
  - Tu **ne** dois **pas** oublier tes devoirs. 君は宿題を忘れてはならない。
③ 目的補語人称代名詞は、不定詞の前に入れます。
  - Tu dois **le** faire. 君はそれをやらなくてはならない。
  - Je veux **lui** offrir un cadeau. 私は彼／彼女にプレゼントを贈りたい。

■ 1. Écrivez des phrases selon l'exemple. 例にならって比較級の文を書きましょう。

Exemple : Marine / + / se coucher tôt / Paul ⇒ Marine se couche plus tôt que Paul.

1. Marine / = / manger vite / Paul ⇒ _____

2. Marine / - / travailler vite / Paul ⇒ _____

3. Marine / + / jouer sérieusement[1] / Paul ⇒ _____

4. Marine / - / étudier sérieusement / Paul ⇒ _____

1. sérieusement = まじめに

■ 2. Regardez le tableau et indiquez si les affirmations ci-dessous sont vraies ou fausses. 表を見て、1〜5が正しいか否か言いましょう。

	TAILLE	ARGENT	ÉLÉGANCE
Léa	1m40	€1000	★★★
Julie	1m50	€2000	★★
Céline	1m50	€5000	★★
Gilles	1m80	€5000	★

1. Léa est plus riche que Céline.

2. Gilles est aussi élégant que Léa.

3. Julie est aussi grande que Léa.

4. Céline est aussi riche que Gilles.

5. Gilles est plus riche que Léa.

■ 3. Regardez le tableau (2) et répondez aux questions. 上の表を見て、質問に答えましょう。

1. Qui est le moins riche des quatre ? ⇒ _____

2. Qui est le moins élégant des quatre ? ⇒ _____

3. Qui est le plus grand des quatre ? ⇒ _____

4. Qui est le plus petit des quatre ? ⇒ _____

■ 4. Conjuguez les verbes entre parenthèses au présent.
カッコ内の動詞を現在形に活用させましょう。

1. Ils ne _____ (**pouvoir**) pas chanter alors ils _____ (**vouloir**) danser.

2. Qu'est-ce qu'elle _____ (**vouloir**) faire aujourd'hui ?

3. Vous _____ (**pouvoir**) m'aider ? Je _____ (**devoir**) remplir ce document.

4. Tu _____ (**vouloir**) partir en voyage ? — Oui ! Je _____ (**vouloir**) bien.

5. Nous _____ (**vouloir**) sortir, mais nous ne _____ (**pouvoir**) pas parce que nous _____ (**devoir**) faire nos devoirs.

■ 5. Répondez aux questions. 質問に答えましょう。

1. Qu'est-ce que vous devez faire aujourd'hui ?

2. Qu'est-ce que vous voulez faire ce week-end ?

3. Qu'est-ce que vous ne pouvez pas faire cette semaine ?

■ 1. 半過去

用法：過去の状態、習慣、感想を言うときに使います。

- Hier matin, il **faisait** beau. 昨日の朝は**晴れていた**。 （過去の状態）
- Avant, j'**allais** à la mer avec mes parents. 以前は両親と海に**行っていた**ものだ。 （過去の習慣）
- La Corse, **c'était magnifique** ! コルシカ島は**素晴らしかった**。 （過去の感想）

作り方	語幹	**nous**の現在形の活用から**ons**を取る nous chant~~ons~~ → **chant**		
	語尾	je _____ **ais**	nous _____ **ions**	
		tu _____ **ais**	vous _____ **iez**	
		il/elle/on _____ **ait**	ils/elles _____ **aient**	

aimer	nous **aim**ons → j'**aim**ais	aller	nous **all**ons → j'**all**ais
finir	nous **finiss**ons → je **finiss**ais	prendre	nous **pren**ons → je **pren**ais
sortir	nous **sort**ons → je **sort**ais	faire	nous **fais**ons → je **fais**ais
avoir	nous **av**ons → j'**av**ais	vouloir	nous **voul**ons → je **voul**ais

AVOIR		
j' **av**ais	nous **av**ions	
tu **av**ais	vous **av**iez	
il **av**ait	ils **av**aient	

ÊTRE		
j' **ét**ais	nous **ét**ions	
tu **ét**ais	vous **ét**iez	
il **ét**ait	ils **ét**aient	

> êtreは例外で、語幹は
> ét です。j'étais

■ 2. 複合過去と半過去

過去の行為、出来事は複合過去形、
出来事が起きた時の状況、バックグラウンドは、半過去形を使います。

- Quand Manon **est rentrée**, Jean **regardait** la télévision. マノンが帰った時、ジャンはテレビを見ていた。
- Qu'est-ce que tu **faisais** quand il **est parti** ? 彼が出て行った時何していたの？

複合過去と半過去のいずれを使用するかで伝える内容が変わってきます。

- Quand François **est entré**, Antoine **riait**. フランソワが入って来た時、アントワーヌは笑っていた。
    est entréは複合過去形なので出来事、riaitは半過去形なので、出来事が起きた時の状況。
- Quand François **est entré**, Antoine **a ri**. フランソワが入って来た時、アントワーヌは笑った。
    est entréも a ri も複合過去形なので、共に出来事です。

■ 1. Transformez selon l'exemple. カッコ内の動詞を現在形と半過去形に活用させましょう。

*Exemple : Maintenant, **j'habite** à Paris.* ⇒ *Avant, **j'habitais** à Londres.*

1. Maintenant, je _____ mon travail à 17h. Avant, je _____ mon travail à 18h. (**finir**)
2. Maintenant, nous _____ du thé. Avant, nous _____ du café. (**boire**)
3. Maintenant, tu _____ des romans. Avant, tu _____ des mangas. (**lire**)
4. Maintenant, ils _____ tôt. Avant, ils _____ tard. (**rentrer**)
5. Maintenant, elle _____ du ski. Avant, elle _____ du snowboard. (**faire**)

■ 2. Écrivez comment c'était avant. Utilisez l'imparfait.
半過去形を使って、以前どうだったか書きましょう。

1. Aujourd'hui, il y a beaucoup de voitures. On ne fume pas dans les restaurants.

Mais avant, _____

2. Les gens utilisent toujours Internet. Ils vont rarement à la bibliothèque.

Mais avant, _____

3. Quand on veut voyager, on peut faire toutes les réservations sur Internet.

Mais avant, _____

4. Les gens se couchent tard, et ils utilisent toujours leur smartphone.

Mais avant, _____

5. On ne connaît pas le nom de ses voisins, et on ne les invite jamais.

Mais avant, _____

■ 3. Conjuguez les verbes entre parenthèses au passé.
カッコ内の動詞を複合過去形か半過去形に活用させましょう。

*Exemple : Quand tu **es entré** (entrer), je **lisais** (lire) le journal.*

1. Ils _____ (**être**) en train de regarder la télé quand nous _____ (**arriver**).
2. Il _____ (**faire beau**) quand tu _____ (**commencer**) ton travail.
3. Quand vous _____ (**téléphoner**), j'_____ (**être**) dans la salle de bains.
4. Il y _____ (**avoir**) beaucoup de monde quand elle _____ (**venir**) ici.

■ 1. スポーツをする

① 「スポーツをする」と言うときは、**faire du / de la＋スポーツ名**。

② スポーツが男性名詞なら faire du、女性名詞なら faire de la です。

faire du ~	football tennis baseball jogging ski yoga snowboard
faire de la ~	marche boxe natation danse gym

- Je **fais du jogging** le matin. 私は朝ジョギングをします。
- Mes amis **font du football** le dimanche. 私の友達は日曜日にサッカーをします。
- Vous **faites de la marche** pour votre santé ? あなたは健康のためにウォーキングをしているのですか？
- Christelle **fait de la danse** avec Emma. クリステルはエマと一緒にダンスをしています。

■ 2. 楽器を弾く

jouer du ~	piano violon
jouer de la ~	guitare flûte

① 「楽器を弾く」と言うときは、**jouer du / de la＋楽器名**。

② 楽器が男性名詞なら jouer du、女性名詞なら jouer de la です。

- Je **joue de la guitare** une fois par semaine. 私はギターを週に一回弾きます。
- Nous **jouons du violon** tous les jours. 私たちは毎日バイオリンを弾きます。

■ 3. 頻度を表す表現

tous les jours	毎日
tous les matins	毎朝
tous les soirs	毎晩
souvent	しばしば
deux fois par semaine	週に２回
une fois par semaine	週に１回
de temps en temps	時々

- Vous faites du tennis **tous les jours** ?
  毎日テニスをしているのですか？
- Ils jouent du piano **de temps en temps**.
  彼らは時々ピアノを弾きます。

■ 4. 休暇中行く場所と活動

en ville	街に	faire du shopping	ショッピングをする
à la campagne	田舎に	faire du tourisme	観光をする
à la mer	海に	faire du camping	キャンプをする
à la montagne	山に	faire du bricolage	日曜大工をする
à l'étranger	外国に	bronzer	日焼けする
dans un spa	スパに	lire	読書をする

- Au printemps, nous allons à l'étranger et nous faisons du tourisme. 春に私たちは外国に行って観光をします。
- En été, je vais à la montagne et je fais du camping. 夏には山に行ってキャンプをします。
- En hiver, mes parents vont en ville et ils font du shopping. 冬に両親は街に出かけてショッピングをします。

■ **1. Complétez par « faire de la, faire du ».** faire de laもしくはfaire duを入れましょう。

1. Je _____ danse.
2. Tu _____ gym.
3. Nous _____ sport.
4. Elles _____ natation.

5. Il _____ judo.
6. On _____ snowboard.
7. Vous _____ marche.
8. Ils _____ yoga.

■ **2. Complétez par « jouer de la, du, de l' ».** jouer de la, du, de l'を入れましょう。

1. Je _____ piano.
2. Tu _____ violon.
3. Nous _____ flûte.
4. Elles _____ accordéon.

5. Il _____ violoncelle.
6. On _____ trompette.
7. Vous _____ clarinette.
8. Ils _____ guitare.

■ **3. Complétez par « du, de la, à la, à l', en ».** 適切な語を入れましょう。

Nous jouons _____ piano et _____ trompette tous les jours.

L'été, je vais _____ montagne ou _____ mer. Je ne pars jamais _____ ville.

Ils font _____ tourisme et _____ shopping.

Vous partez _____ mer ou _____ étranger ?

■ **4. Remettez les mots dans le bon ordre :** 語を並べ替えて文を作りましょう。

1. je / deux / semaine / joue / piano / fois / du / par

2. elle / en / ville / tous / va / jours / les

3. bricolage / font / amis / temps / temps / en / mes / du / de

4. nous / allons / à / mer / été / en / la

■ **5. Répondez aux questions.** 質問に答えましょう。

1. Vous partez en vacances à quelle saison ?
⇒ _____

2. Où est-ce que vous partez en vacances ?
⇒ _____

3. Vous voulez jouer de quel instrument de musique ?
⇒ _____

4. Vous faites souvent du sport ?
⇒ _____

5. Qu'est-ce que vous faites tous les jours ?
⇒ _____

■ 1. 身体の部分を表す語彙

la tête	頭	le dos	背中
la bouche	口	le bras	腕
la gorge	のど	le ventre	お腹
la main	手	le pied	足
la jambe	脚	les yeux	目

■ 2.（身体の部位が）痛い　avoir mal à ～

- **J'ai mal à la** gorge. のどが痛い。
- Vous **avez mal au** dos ? 背中が痛いのですか？
- Paul **a mal aux** pieds. ポールは足が痛い。

* 前置詞 à と定冠詞の縮約に注意しましょう。
　à + le → au
　à + les → aux

■ 3. アドバイスを与える　tu devrais / vous devriez ＋ 動詞の不定詞

devrais, devriez は、devoir（～なければならない）の条件法現在形です。
直説法現在形の tu dois, vous devez より婉曲な表現になり、アドバイスを与えるときに使います。

- Tu **dois** aller chez le médecin. 君は医者に行かなくてはならない。（直説法 → 義務）
  - Tu **devrais** aller chez le médecin. 君は医者に行ったほうがいいよ。（条件法 → アドバイス）
- Vous **devez** arrêter de fumer. あなたは禁煙しなくてはならない。（直説法 → 義務）
  - Vous **devriez** arrêter de fumer. あなたは禁煙した方がいいです。（条件法 → アドバイス）

■ 4. もっと～する　動詞 ＋ plus / moins

- Vous devriez **vous reposer plus**. もっと休んだほうがいいです。
- Tu devrais **travailler moins**. もっと仕事を減らしたほうがいいよ。

■ 5. もっと多くの／もっと少ない～　plus de / moins de ＋ 名詞

- Vous devriez manger **plus de légumes**. 野菜をもっと多く食べたほうがいいです。
- Tu devrais boire **moins d'alcool**. アルコールを減らしたほうがいいよ。

■ 6. 体調を表す表現

Je me sens bien.	気分が良い
Je me sens mal.	気分が悪い
Tu as l'air en forme.	元気そうだね
Tu as l'air fatigué.	疲れてそうだね

■ 1. Regardez les dessins et écrivez où les gens ont mal.
写真を見て、それぞれの痛いところを書きましょう。

Exemple : Elle a mal au dos.

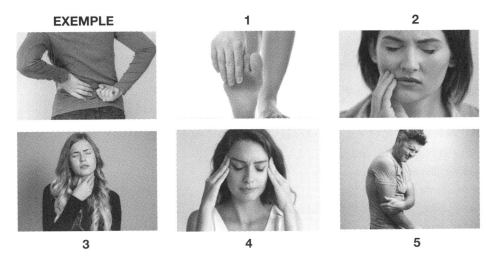

EXEMPLE	1	2
3	4	5

■ 2. Quels conseils peut-on donner à Paul ?
ポールにアドバイスをしてあげましょう。

1. Paul fume un paquet de cigarettes par jour.
⇒ _____

2. Paul ne fait jamais de sport.
⇒ _____

3. Paul mange seulement de la viande.
⇒ _____

4. Paul boit de la bière tous les jours.
⇒ _____

5. Paul travaille 15 heures par jour.
⇒ _____

■ 3. Retrouvez l'ordre du dialogue ci-dessous. 並べ替えて会話を作りましょう。

a. C'est un rhume. Vous allez prendre des médicaments trois fois par jour, pendant 5 jours.

b. Ouvrez la bouche… Votre gorge est enflammée. Vous vous sentez fatigué ?

c. Oui, un peu.

d. Qu'est-ce que vous avez ?

e. Merci, au revoir.

f. J'ai mal à la gorge.

1	2	3	4	5	6
					e

■ 1. 誘う表現

Ça vous/te dit de + 不定詞	〜するのってどうですか？
On pourrait + 不定詞	〜ませんか？
On va à ... ?	〜に行きませんか？
Vous venez avec nous ? Tu viens avec moi ?	一緒に行きませんか？
Vous êtes libre ? Tu es libre ?	空いていますか？

■ 2.「今晩、映画に行かない？」を色々な言い方で言ってみると…

◇ Ça te dit d'aller au cinéma ce soir ?

◇ On pourrait aller au cinéma ce soir.

◇ On va au cinéma ce soir ?

◇ Je vais au cinéma ce soir. Tu viens avec moi ?

◇ Tu es libre ce soir ? On va au cinéma ?

■ 3. 承諾する／断る表現

承諾する		断る	
C'est une bonne idée.	良い考えだね	Désolé(e), mais je suis pris(e).	すみませんが、予定があります
Avec plaisir.	喜んで	Désolé(e), je ne peux pas.	すみませんが、無理です
Pourquoi pas ?	ぜひ	Je n'aime pas beaucoup.	〜はあまり好きじゃありません

A : Ça te dit d'aller au cinéma ce soir ? 今晩、映画に行かない？

B : C'est une bonne idée. 良い考えね。

A : On pourrait aller voir l'exposition sur Picasso dimanche. 日曜日にピカソの展覧会行きませんか。

B : Désolé, mais je suis pris dimanche. 残念ですが、日曜は先約があるんです。

■ 4. 丁寧に頼む　　Tu pourrais / Vous pourriez + 不定詞 + ?

> pourrais, pourriezは、pouvoir（〜できる）の条件法現在形です。
> 直説法現在形のtu peux, vous pouvezより婉曲な表現になり、何かを丁寧に頼むときに使います。

- Vous **pouvez** venir à midi ? 正午に来られますか？（直説法）
  - Vous **pourriez** venir à midi ? 正午に来ていただけますか？（条件法 → 丁寧な依頼）
- Tu **peux** téléphoner à M. Dufy ? デュフィ氏に電話できる？（直説法）
  - Tu **pourrais** téléphoner à M. Dufy ? デュフィ氏に電話して頂ける？（条件法 → 丁寧な依頼）

■ 1. Transformez les phrases pour proposer une invitation. Variez les réponses. 例にならって、いろいろな言い方で誘いましょう。

Exemple : Je vais au cinéma ce soir.
   Ça te dit d'aller au cinéma ce soir ? / Tu es libre ce soir ? On va au cinéma ? /
   Je vais au cinéma, tu viens avec moi ? Etc.

1. Je vais au théâtre demain.
   ⇒ _____
   ⇒ _____
   ⇒ _____

2. Je vais voir un match de foot samedi.
   ⇒ _____
   ⇒ _____
   ⇒ _____

3. Je vais voir une exposition dimanche.
   ⇒ _____
   ⇒ _____
   ⇒ _____

4. Je vais au cinéma samedi soir.
   ⇒ _____
   ⇒ _____
   ⇒ _____

■ 2. Acceptez ou refusez les invitations suivantes.
   以下の誘いを承諾、もしくは断ってください。

1. Ça te dit d'aller au cinéma ce soir ? (Vous acceptez.)
   ⇒ _____

2. Je vais au théâtre samedi, ça te dit de venir avec moi ? (Vous refusez.)
   ⇒ _____

3. Tu viens avec moi dimanche ? Je vais voir un match de foot. (Vous acceptez.)
   ⇒ _____

■ 3. Écrivez les phrases suivantes au conditionnel. 条件法を使って書き換えましょう。

1. Vous **pouvez** venir ce soir ?
   ⇒ _____

2. Tu **peux** m'aider ?
   ⇒ _____

3. Vous **pouvez** téléphoner demain ?
   ⇒ _____

■ 1. 婉曲に願望を伝える　　Je voudrais / J'aimerais ＋ 不定詞／名詞

Je voudrais は vouloir の条件法現在形、J'aimerais は aimer の条件法現在形です。
婉曲な願望を表します。

- Je **veux** du café. コーヒーが欲しい。（直説法）
    - Je **voudrais** du café. コーヒーをいただきたいです。（条件法 → 婉曲な願望）
- J'**aime** chanter. 私は歌うのが好きです。（直説法）
    - J'**aimerais** chanter. 私は歌いたいです。（条件法 → 婉曲な願望）
- J'**aimerais** avoir un rendez-vous. アポイントを取りたいんですが。
- Je **voudrais** parler à M. Lafitte. ラフィットさんと話したいのですが。

*名詞が続く場合は、一般的に je voudrais を使います。

Je **voudrais** une jupe noire. 黒いスカートが欲しいのですが。

■ 2. 予約に必要な表現

client	訳	réceptionniste / restaurant
je voudrais réserver...	〜を予約したいのですが	
	いつですか？	C'est pour quand ?
Le 8 janvier / du 3 au 5 février.	1月8日です／2月3日から5日です	
	何時ですか？	À quelle heure ?
À 20 heures.	20時です	
	何人ですか？	Pour combien de personnes ?
Quatre personnes.	4人です	
	お名前は？	C'est à quel nom ?

■ 3. 「〜から〜まで」は、de〜à〜

日付には定冠詞 le が付くので（le 23 décembre）、du〜au〜 となります。
Du 1er **au** 7 novembre. 11月1日から7日まで。
Du 23 décembre **au** 10 janvier. 12月23日から1月10日まで。

■ 4. 交通手段

en voiture	車で	en bus	バスで
en avion	飛行機で	à moto	バイクで
en train	電車で	à vélo	自転車で
en métro	地下鉄で	à pied	徒歩で

- Je vais au supermarché **à pied**.
- Christelle va au cinéma **en métro**.
- Nous allons en France **en avion**.

■ **1. Écrivez les phrases ci-dessous au conditionnel présent.**
条件法現在形を使って書き換えましょう。

1. **Je veux** du pain. ⇒ _____

2. **J'aime** faire du sport. ⇒ _____

3. **J'aime** aller à la mer. ⇒ _____

4. **Je veux** partir en vacances. ⇒ _____

■ **2. Associez la question et la réponse.** 質問と答えを結びつけましょう。

1. À quelle heure ?
2. C'est pour quand ?
3. C'est à quel nom ?
4. C'est pour combien de personnes ?

   a. GÉRARD.
   b. Deux.
   c. C'est à 8 heures.
   d. Du 21 janvier au 22 janvier.

■ **3. Trouvez la question.** 以下の答えが得られる質問を書きましょう。

1. _____ ? — J'y vais en bus.
2. _____ ? — J'y vais en février.
3. _____ ? — J'y vais avec mon mari.
4. _____ ? — J'y vais pour le travail.

■ **4. Répondez en utilisant "y".** 交通手段を答えましょう（代名詞 y を使いましょう）。

1. Comment est-ce que tu vas à Paris ? ⇒ _____

2. Comment est-ce qu'ils vont à la boulangerie ? ⇒ _____

3. Comment est-ce que vous allez au cinéma ? ⇒ _____

4. Comment est-ce qu'elle va à l'université ? ⇒ _____

■ **5. Retrouvez l'ordre du dialogue ci-dessous.** 並べ替えて会話を作りましょう。

a. - Bonsoir monsieur. C'est pour quand ?

b. - C'est à quel nom ?

c. - Pour combien de personnes ?

d. - Jacques. J.A.C.Q.U.E.S.

e. - Du 15 au 17 janvier.

f. - Bonsoir, je voudrais réserver une chambre.

g. - Pour une personne.

1	2	3	4	5	6	7
						d

6. Complétez par "en, à". en もしくは à を入れましょう。

Je vais à Paris _____ train ou _____ avion. Je visite la ville _____ pied, _____ vélo ou _____

bus.

マエストロ 1　実践フランス語 初級
cahier d'exercices（非売品）

© 2020 年 3 月　15 日　初　版 発 行
2024 年 1 月　30 日　第 7 刷 発 行

著　者　　　　　　　北　村　　亜 矢 子
　　　　　　　　ヴァンサン　デュランベルジェ

発行者　　　　　　　　　　原　　雅 久
発行所　　　　　　　　株式会社　朝日出版社
　　　　　101-0065　東京都千代田区西神田 3-3-5
　　　　　　　　　　　　電話（03）3239-0271
　　　　　　　　　　　　FAX（03）3239-0479

2c 各グループの要素を使ってできるだけ多くの文（肯定／否定）を作りましょう。

💬 *Faites des phrases à partir des mots ci-dessous.*

| je, tu, il, elle, nous, vous, ils, elles | vouloir avoir | un beau vélo / une montre italienne / un ordinateur / un pantalon bleu | ? . |

> 否定の時は、不定冠詞が de になることを忘れずに！

3 指示形容詞 ce

3a 例を参考に、指示形容詞の表を完成させましょう。 *Observez et complétez.*

ce vélo italien — cette montre japonaise

ces crayons rouges — cet ordinateur américain

	s.	pl.
m.	ce (cet)	_____
f.	_____	

3b « cet » はいつ使うか考えましょう。

Quand utilise-t-on « cet » ?

3c 適切な形の指示形容詞を入れましょう。 *Complétez par « ce, cet, cette, ces ».*

1. _____ tablette
2. _____ dictionnaire
3. _____ photos
4. _____ hôtel
5. _____ smartphone
6. _____ ordinateurs

> 特定化されているもの、例えば、定冠詞、指示形容詞、所有形容詞が付いているものを le, la, l', les で置き換えます。人にも物にも使えます。

4 直接目的補語人称代名詞

4a 答えの le, la, les, l' が何を指すか考えましょう。

Réfléchissez au sens de « le, la, les, l' ».

1
A : Tu prends ce guide ?
B : Oui, je le prends.

2
A Vous prenez la chaise bleue ?
B Oui, je la prends.

3
A Tu prends ces livres ?
B Oui, je les prends.

4
A Tu aimes bien Jean ?
B Oui, je l'aime bien.

5
A Vous invitez vos amis samedi ?
B Non, je ne les invite pas.

4b 以下のルールを完成させ、表を埋めましょう。

Déduisez la règle et complétez.

直接目的補語人称代名詞
直接目的語の繰り返しを避けるために使い、
動詞の 　**直前**　・　**直後**　 に入れます。

	彼を、それを (m. s.)	彼女を、それを (f. s.)	彼らを、それらを (pl.)
直接目的補語 人称代名詞	le (l')	_____ (l')	_____

39

4c 代名詞を使って答えましょう。*Répondez en utilisant un pronom COD.*

1. Tu fais le ménage ? Oui, _____.
2. Vous faites les courses ? Oui, _____.
3. Ils prennent cette bouteille ? Oui, _____.
4. Vous prenez ces oranges ? Oui, _____.
5. Vous aimez bien cette robe ? Oui, _____.

5 | 衣服

5a 音声を聞いて、リストの語を下線部に入れましょう。
1-72
Écoutez et complétez avec les mots de la liste.

une robe
un pull
un T-shirt
un pantalon
une cravate
une chemise
un manteau
une jupe

1 _____ 2 _____ 3 _____ 4 _____

5 _____ 6 _____ 7 _____ 8 _____

5b リストの語に指示形容詞を付けて読みましょう。*Lisez la liste en remplaçant l'article par l'adjectif démonstratif.*

Ex. ce pantalon

5c ペアで練習しましょう。*Continuez le dialogue.*

A : Tu prends ce pantalon ?
B : Oui, je le prends. Ah, non non non, je ne le prends pas.

5d 会話を聞いて下線部に表現を入れましょう。次に服を入れ替えてペアで練習をしましょう。
1-73
Complétez puis jouez la scène.

A : _____ ?
B : Oui, je cherche une robe.
A : _____ ?
B : Blanche.
A : _____ ?
B : 40.
A : Alors, nous avons ce modèle.
B : J'aime bien cette robe. _____ ?
A : 85 euros.
B : Bon, je la prends.
A : _____ ?
B : En espèces.

C'est combien ?

Vous voulez une robe en quelle couleur ?

Vous cherchez quelque chose ?

Vous payez comment ?

Vous faites quelle taille ?

par carte = カードで
en espèces = 現金で

5e 会話を聞いて、表を埋めましょう。*Écoutez et complétez.*
1-74

	服の種類	色	サイズ	値段	支払い方法
1.					
2.					
3.					

6 h, th, ch, ph の読み方

6a リピートして、下線部の読み方の規則を見つけましょう。 *Lisez puis trouvez la règle.*

1-75

hôtel	habiter	Hélène	hydrogène → h は発音しない
théâtre	Thomas	mathématiques	méthode → [t]
champagne	chien	chou à la crème	architecte → [∫]
photo	philosophie	physique	alphabet → [f]

*orchestre、technique は例外で、ch を [k] と発音します。

th は	[　　　　] と読む
ch は	[　　　　] と読む *
ph は	[　　　　] と読む

6b h には「無音の h」と「有音の h」があります。音声を聞いて違いを見つけましょう。

1-76 *Écoutez puis expliquez la différence entre le h muet et le h aspiré.*

無音の h	l'hôtel　un hôtel　les hôtels
	エリズィオン と リエゾン をする
有音の h	le héros　un héros　les héros
	_____ も _____ もしない

6c

1-77 下線部に気をつけて読み、音声を聞いて確認しましょう。

Lisez les mots ci-dessous puis vérifiez avec l'audio.

1. champignon　　5. Mathieu
2. photographe　　6. Hugo
3. homme　　　　7. thé
4. pharmacie　　　8. chat

---

7 Le petit challenge

7a *Paul Éluard* の詩の最初の部分を読みましょう。

Lisez le début de ce poème de Paul Éluard

Dans Paris

Dans Paris, il y a une rue

Dans cette rue, il y a une maison

Dans cette maison, il y a un escalier

Dans cet escalier, il y a une chambre

Dans cette chambre, …

7b 詩の続きを想像して書きましょう。

Imaginez une suite à cet extrait de poème.

Dans cette chambre, _____

_____ , _____

_____ , _____

_____ , _____

_____ , _____

7c 詩の続きをインターネットで探して比べましょう。

Cherchez la suite de ce poème sur Internet. Comparez.

7d フランス語圏の詩人を3名挙げましょう。

Écrivez le nom de trois poètes francophones.

Paul Éluard
(1895-1952)

pause café

ポール・エリュアールは、第二次世界大戦中にレジスタンスに加わった詩人の一人として知られています。イギリス空軍機が彼の詩「自由」をフランスの空から撒き、自由のために戦う勇気をフランス人に与えたエピソードは有名で、これまでに映画や歌でたびたび扱われてきました。

9　Parler de ce qu'on mange, situation au marché

食料品を買う

1　Dialogue

la vendeuse : Bonjour monsieur.
le client : Bonjour, je voudrais un kilo de pommes, cinq carottes et un kilo de pommes de terre.
la vendeuse : Et avec ça ?
le client : Je voudrais des fraises.
la vendeuse : Ah, désolée monsieur, aujourd'hui nous n'avons pas de fraises.
le client : Alors, vous avez du raisin ?
la vendeuse : Oui, vous en voulez combien ?
le client : Cinq cents grammes.
la vendeuse : Ce sera tout ?
le client : Oui.
la vendeuse : Alors, ça fait seize euros cinquante.
le client : Voilà. Merci, au revoir.
la vendeuse : Au revoir monsieur, bonne journée.

1a 本を閉じて会話を聞き、メモを取りましょう。
Livre fermé, prenez des notes.
1-78

1b 数量を聞き取りましょう。買っていない場合はゼロです。*Écoutez et notez les quantités.*

pommes　fraises　pommes de terre　carottes　raisin

_____　_____　_____　_____　_____

1c お客さんはいくら払いましたか？
Le client paie combien ?

☐13,50 €　☐15,15 €　☐16,50 €　☐16,15 €

> euro / centime
> 1,60 € は、
> un euro soixante もしくは
> un soixante と読みます。

2　部分冠詞 du, de la

1-79

2a 例文をリピートし、部分冠詞の表を埋めましょう。
Écoutez, répétez puis complétez le tableau.

📌 聞き手に特定されていない、数えられない物を表すときに使います

Le matin, je prends <u>du</u> café et <u>du</u> pain.
Je prends aussi <u>de la</u> confiture et <u>de l'</u>eau.

部分冠詞		
m.	**du**	(de l')
f.	_____	(de l')

2b « de l' » はいつ使うのか考えましょう。
Quand écrit-on « de l' » ?

2c 不定冠詞 un, une、もしくは部分冠詞 du, de la を入れましょう。*Complétez par « un, une » ou « du, de la ».*

1 　2 　3 　4

5 　6 　7 　8

1. _____ glace
2. _____ glace
3. _____ poisson
4. _____ poisson
5. _____ pain
6. _____ pain
7. _____ salade
8. _____ salade

2d 部分冠詞をつけてリピートしましょう。 *Ajoutez le partitif. Vérifiez à l'aide de l'enregistrement.*

1-80

1. eau   2. café   3. thé   4. lait
5. sucre   6. pain   7. soupe   8. viande
9. fromage   10. confiture   11. salade
12. poisson   13. jambon   14. riz
15. beurre

> 直接目的語に付いた部分冠詞も否定文では de になります。
> Je ne prends pas <u>de</u> pain.

2e 2dの写真を使って、ペアの相手に質問しましょう。
Posez des questions. Répondez.

A : Qu'est-ce que c'est ?
B : C'est du pain !

2f （3人で）朝食について語りましょう。
Parlez de votre petit déjeuner.

A : Est-ce que vous prenez du thé le matin ?
B : Oui, moi, je prends du thé.
C : Moi, je ne prends pas de thé.

2g 聞こえたものをチェックし、質問に答えましょう。 *Écoutez et cochez les mots entendus puis répondez.*

1-81

THÉ	CAFÉ	EAU	RIZ	PAIN	SALADE	BEURRE	VIANDE	CONFITURE	JAMBON	FROMAGE
☐	☐	☐	☐	☐	☐	☐	☐	☐	☐	☐

3 中性代名詞 en

3a 1〜4を読み、*en* が何を指すか考えましょう。 *Observez.*

1. - Vous voulez du café ?   - Oui, j'**en** veux bien.
2. - Vous avez de la confiture ?   - Oui, j'**en** ai.
3. - Vous voulez des pommes ?   - Oui, j'**en** veux.
4. - Ils veulent du raisin ?   - Non, ils n'**en** veulent pas.

特定化されていないものを **en** で置き換えます。

pause café

フランス人は朝食に、コーヒーか紅茶を飲みます。子供たちはミルクかココアを飲みます。そしてバゲットにバターとジャムをぬったタルティーヌ、もしくはクロワッサンやパンオショコラを食べます。それぞれの家庭に独自の習慣がありますが、一般的に朝食は「甘い」ものを摂ります。

3b 下のリストと **2d** の語彙を使って尋ねましょう。
Continuez la conversation. Utilisez les photos ci-dessous et la liste 2d.

A : Tu veux du thé / des pâtes ?
B : Oui, j'en veux bien. / Non, merci.

1. pâtes   2. œufs   3. pommes   4. oranges
5. fraises   6. biscuits   7. tomates   8. pommes de terre

3c 下線部を代名詞にして答えましょう。 *Répondez aux questions, utilisez un pronom.*

1. -Tu prends <u>du poisson</u> ?   -Oui, _____.
2. -Vous voulez <u>des fraises</u> ?   -Oui, _____ bien.
3. -Vous prenez <u>du fromage</u> ?   -Oui, _____ un peu.
4. -Tu as <u>du sucre</u> ?   -Non, _____.

4 数量を表す表現

1kg
un kilo de

un paquet de

un pot de

数量を表す表現の後には、冠詞を入れません。
~~un kilo des pommes~~
un kilo de pommes

500 gr
cinq cents grammes de

12
une douzaine de

1 L
un litre de

une bouteille de

 4a 買い物リストを見て、買うものとその数量を言いましょう。
Regardez la liste de courses et continuez selon le modèle.

LISTE DE COURSES

des pommes de terre .... 1 kg
de la confiture .... 1 pot
du lait .... 1 L
de l'eau .... 1 bout.
du jambon .... 300 gr
des biscuits .... 1 paquet
des œufs 12

Exemple : Je prends 1 kilo de pommes de terre, un pot de…

 4b お店で買い物をしてください。
Continuez selon le modèle.

A : Je voudrais des pommes de terre.
B : Vous en voulez combien ?
A : J'en veux 1 kilo.

数量情報は動詞の後ろに残します。
Je veux **1 kilo de** pommes de terre. → J'en veux **1 kilo**.

4c 買ったものとその数量を聞き取りましょう。 *Écoutez, notez les produits et les quantités.*

1.	買ったもの	数量

2.	買ったもの	数量

---

5 数 100 ～ 1 000

5a リピートしましょう。 *Répétez.*

100 cent	101 cent un	170 cent soixante-dix	182 cent quatre-vingt-deux
600 six cents	700 sept cents	702 sept cent deux	820 huit cent vingt
950 neuf cent cinquante	1 000 mille		

5b 各機種の値段を聞き取りましょう。 *Écrivez le prix de chaque modèle.*

EX 980 _____ €   EX 890 _____ €   MX 760 _____ €   MX 670 _____ €

5c 会話を続けましょう。
Continuez le dialogue selon le modèle.

Exemple : 16,50€

A : C'est combien ?
B : 16 euros cinquante, monsieur.

a.	b.	c.
19,30€	21,75€	34,55€
d.	e.	f.
76,35€	44,60€	174,80€

6 ill の読み方

6a リピートしましょう。*Répétez.*

1-85

fille famille

feuille travailler bouteille
fauteuil travail conseil

子音字＋ ill の場合
ill → [ij]

母音字＋ il / ill の場合
il / ill → [j]

Lille, ville, mille は
例外です。

6b ペアで読み、続いて音声を聞いて確認しましょう。
Lisez puis vérifiez à l'aide de l'enregistrement.
1-86
1. abeille 2. bille 3. camomille 4. grillé 5. médaille
6. soleil 7. détail 8. rail 9. appareil 10. billet

7 Le petit challenge

7a 肉じゃが6人前を作るための買い物リストを書きましょう。*Écrivez la liste de courses pour 6 personnes pour un nikujaga.*

7b 市場で肉じゃがの材料を買う会話をしましょう。
Vous allez au marché. Vous achetez les ingrédients pour préparer un nikujaga. Imaginez la scène.

7c 読みましょう。*Lisez.*

À Paris, il y a environ 80 marchés. Par exemple, le marché des Batignolles, c'est le samedi. Au marché des Batignolles, les produits sont biologiques. Les Parisiens achètent des fruits, des légumes, de la viande, du fromage, du pain. L'ambiance est agréable, calme et conviviale.

1 Dialogue

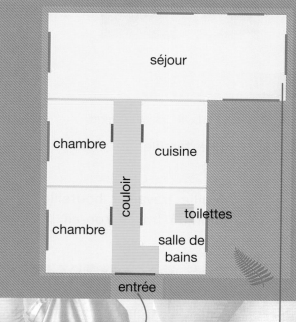

1a 本を閉じて、聞こえた単語を言いましょう。
Livre fermé, notez ce que vous avez entendu.

1-87

Maxime : Alors, voilà le plan de l'appartement. Ici, c'est l'entrée. Au fond du couloir, il y a le séjour.

Léa : D'accord, où est la cuisine ?

Maxime : La cuisine est à côté du séjour... ici.

Léa : Il y a une chambre en face de la cuisine ?

Maxime : Oui, et il y a la chambre des parents en face de la salle de bains.

Léa : Et les toilettes ?

Maxime : Les toilettes sont dans la salle de bains.

1b 図面の部屋と下の写真を結びつけましょう。
Associez les pièces de l'appartement aux photos ci-dessous.

a b c d e f g

2 位置関係

2a テキストを読んで太字部分の意味を考えましょう。次に 1～9 を埋めましょう。
Lisez le texte et devinez le sens des mots en gras. Ensuite complétez la légende des images 1-9

La balle verte est **devant** la boîte. La balle jaune est **derrière** la boîte. La balle rouge est **sur** la boîte. La balle noire est **dans** la boîte. La balle rose est à **droite de** la boîte. La balle bleue est **à gauche de** la boîte. La boîte est **sous** la balle rouge. La boîte est **entre** la balle bleue et la balle rose. La boîte est **entre** la balle verte et la balle jaune.

à gauche de ↔ à droite de

devant ↔ derrière

sur ↔ sous

entre / dans / au fond de

1-88

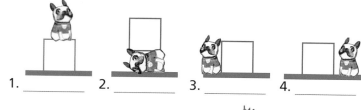

1. _____ 2. _____ 3. _____ 4. _____ 5. _____

6. _____ 7. *au fond de* 8. _____ 9. _____

2b 猫がどこにいるか言いましょう。

Dites où est le chat.

 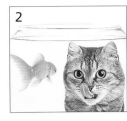   

la télé テレビ ❖ le bocal 金魚鉢 ❖ la boîte 箱 ❖ le lit ベッド ❖ le parapluie 傘

2c 座席表を見て下線部を埋めましょう。

Regardez la classe et complétez.

JEAN　ANNE　LUC

EMMA　MILA　MARIO

THOMAS　LOLA　ZORA

先生

1. Anne est _____ Jean et Luc.
2. Emma est _____ Jean et _____ Thomas.
3. Zora est _____ Lola.

2d 2c の座席表を見ながら、ペアでできるだけ多くの文を作りましょう。

Regardez la classe et dites où sont situés les étudiants.

Anne est devant Mila. Elle est à gauche de Luc et …

2e 席替えです！ 音声を聞いて、座席表を仕上げましょう。

🎧 *Les éudiants de l'exercice 2c ont changé de place. Écoutez et notez où ils se trouvent maintenant.*

1-89

1. _____　　5. _____
2. _____　　6. _____
3. _____　　7. _____
4. _____　　8. _____

先生

1	2	3
Mario	4	5
6	7	8

3 数：1 000 ～ 10 000

3a リピートしましょう。*Répétez.*

🎧
1-90

1 000 mille	1 845 mille huit cent quarante-cinq	2 020 deux mille vingt
1 200 mille deux cents	1 993 mille neuf cent quatre-vingt-treize	3 000 trois mille
1 210 mille deux cent dix	2 000 deux mille	10 000 dix mille

3b 聞こえた数を書きましょう。

🎧 *Écoutez et écrivez les nombres.*

1-90

a. _____
b. _____
c. _____
d. _____

3c Wi-Fi のパスワードを教えてもらいましょう。

💬 *Continuez le dialogue selon le modèle.*

A : Excusez-moi, quel est le mot de passe pour le Wi-Fi ?
B : Vous êtes dans quelle chambre ?
A : Dans la **234**.
B : Alors, c'est **AKU 2987 3456**.
A : Merci !

a. chambre **318**　　code **TXD 3278 1789**
b. chambre **671**　　code **EFQ 8291 9012**
c. chambre **429**　　code **JSD 6172 1092**
d. chambre **131**　　code **VBV 2871 1898**

10

4 de ＋定冠詞の縮約

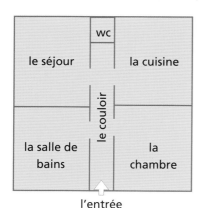

le séjour | wc | la cuisine
le couloir
la salle de bains | | la chambre
l'entrée

4a （4人で）例文を読んで、de と定冠詞の縮約についての規則を完成させましょう。
Formez des groupes de 4 personnes. Observez le plan et les phrases modèles puis complétez le tableau.

La cuisine est à droite **des** toilettes.

La cuisine est en face **du** séjour.

Les toilettes sont à gauche **de la** cuisine.

La salle de bains est à gauche **de l'**entrée.

「～の向かい」は、
en face de です。

前置詞 **de** と定冠詞の縮約

de + le	→	
de + la	→	
de + l'	→	
de + les	→	des

pause café

フランスの住居は、最低でも広さが 9 m²、天井までの高さが 2.2m ある部屋が１つ含まれなくてはなりません。また、賃貸借の場合、クローゼット、階段部分、壁、天井が 180cm より低い部分等は住居の面積に入れません。表示面積は、いわゆる surface habitable（居住できる面積）を表します。

4b 上の図面を見て下線部を埋めましょう。*Regardez le plan ci-dessus et complétez.*

1. Le séjour est _____ toilettes.
2. La chambre est _____ entrée.
3. La salle de bains est _____ chambre.
4. Les toilettes sont _____ couloir.

1-91

4c 説明を聞いて、右の図面を仕上げましょう。
Écoutez et indiquez les pièces de l'appartement.

4d 4c の図面を見て、できるだけ多くの文を作りましょう。
Regardez le plan de l'activité 4c et faites des phrases.

Les toilettes sont à droite de l'entrée. La chambre est …

4c

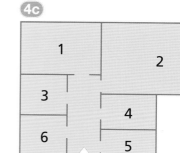

1 | 2
3
4
6 | 5

5 東西南北

1-92

5a リピートしましょう。*Répétez.*

les points cardinaux

à がつく時は、
au nord
au sud
à l'est
à l'ouest

NORD
NORD-OUEST   NORD-EST
OUEST   EST
SUD-OUEST   SUD-EST
SUD

1-93

5b 説明を聞いて、地図にフランスの近隣諸国を記入しましょう。
Écoutez et retrouvez l'emplacement des pays d'Europe.

l'Angleterre   l'Allemagne   la Belgique   la Suisse

l'Italie   l'Espagne   le Luxembourg

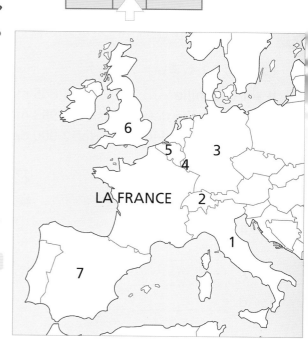

5c 5b の地図を見て、国の位置関係を言いましょう。
Observez la carte de l'Europe et faites des phrases selon le modèle.

La Belgique est au nord-est de la France. L'Espagne est …

6 e の読み方（1）語末の場合

6a リピートして、語末の e の読み方の規則を見つけましょう。
Répétez et trouvez la règle de prononciation du « e » final.
1-94

発音しない

J'étudie. Marie orange
âge toilette musique

les et travailler
vous cherchez hôtel
super hiver mer

[e] もしくは [ɛ]

| 語末の e は、 | 発音する・発音しない* |
| 語末の e + 子音字 1 つ | [ ] または [ ]** |

* ただし、je, ne, de, que のような 1 音節語では [ə] と発音する。
** ただし、tu の活用語尾と複数形の s (tu parles, des oranges) の場合は、発音しない。

6b 語末の e に気をつけて読み、音声を聞いて確認しましょう。
Lisez puis vérifiez à l'aide de l'enregistrement.
1-95

1. Michel　　2. alphabet　　3. Claire　　4. Internet　　5. ces tables bleues
6. Je cherche une robe verte.　　7. Vous écoutez de la musique.　　8. Tu regardes la télé ?

7 Le petit challenge

7a テキストを読み、絵を確認しましょう。 *Lisez le texte et observez attentivement le tableau.*

La Chambre à coucher

Voici un tableau célèbre de Vincent Van Gogh (1853 - 1890).

C'est la chambre de Van Gogh à Arles, une ville du sud-est de la France. Dans sa chambre, il y a un lit, deux chaises, une table et des tableaux.

Le lit est à droite, les chaises sont à gauche et la table est entre les chaises.

7b 正しければ *V (vrai)*、間違っていれば *F (faux)* をチェックしましょう。 *Vrai ou faux ?*

1. Le lit est à droite　　　　　　　　V / F
2. Il n'y a pas de fenêtre dans la chambre.　　　　　　　　V / F
3. Vincent Van Gogh est né en 1853.　V / F
4. Arles est une ville du sud-ouest de la France.　　　　　　　　V / F
5. Il y a deux tables dans la chambre. V / F

7c インターネットで確認して、答えましょう。
Répondez aux questions sur Vincent Van Gogh. Cherchez les réponses sur Internet.

1. Quelle est la nationalité de Vincent Van Gogh ?
2. Comment s'appelle son ami peintre ?
3. Comment s'appelle son frère ?

49

Demander son chemin

道順を説明する

1 Dialogue

1a 聞こえた順に番号を振りましょう。
Retrouvez l'ordre (1 - 6)
2-01

Léa : Excusez-moi monsieur. Est-ce qu'il y a un cinéma près d'ici ?

un passant : Un cinéma... Vous y allez à pied ?

Léa : Oui...

un passant : Alors, allez tout droit, passez devant la pharmacie, et tournez à gauche à la boulangerie. Et puis après, tournez à droite à la librairie. Traversez l'avenue Victor Hugo, passez devant la boucherie, et c'est sur votre gauche.

Léa : Euh, c'est loin ?

un passant : Oh, vingt minutes.

Léa : Euh, est-ce qu'il y a un bus ?

boulangerie

pharmacie

1 cinéma

avenue

librairie

boucherie

1b 結びつけましょう。
Regardez et associez.

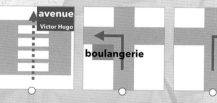
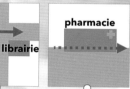

tournez à gauche	traversez	passez devant	tournez à droite

2 命令形

2a 命令文の作り方を完成させましょう。

Observez et complétez la règle pour former l'impératif.

平叙文	命令文	作り方
Vous travaillez bien. Nous écoutons le professeur. Tu prends 1 kilo de pommes. Vous ne parlez pas.	→	Travaillez bien ! Écoutons le professeur ! Prends 1 kilo de pommes ! Ne parlez pas.	主語を _____

ただし Tu téléphones à Marie. → Téléphone à Marie.
Tu vas à Paris. → Va à Paris.

er 動詞と aller の場合、
tu の活用語尾の <u>s</u> も落とす

2b 以下の文を命令文に書き換えましょう。

Écrivez les phrases ci-dessous à l'impératif.

1. Vous parlez le français. → _____

2. Nous faisons la cuisine. → _____

3. Tu travailles bien. → _____

4. Vous ne regardez pas la télévision. → _____

3 道順を伝える

3a 音声を聞いて、行き着いた所の記号を答えましょう。
Écoutez et indiquez la lettre correspondante.
🎧 2-02

Exemple : E 1. _____ 2. _____ 3. _____ 4. _____

3b 右の地図を使って、道順を言いましょう。ペアの相手はたどり着いたところの記号を答えます。
Proposez un itinéraire. Votre camarade dit la lettre correspondante.

Exemple : Passez devant la librairie.
　　　　　Et tournez à gauche au café.　→ E

> tournez à gauche à
> tournez à droite à
> passez devant

3c 会話を聞いて、道案内を完成させましょう。
Écoutez et complétez.
🎧 2-03

A : Est-ce qu'il y a une fromagerie près d'ici ?

B : Oui, _____

et tournez à gauche à la pâtisserie.

Ensuite, _____ la

place et _____.

Et puis, tournez à droite au cinéma.

_____.

continuez un peu
しばらく進んで下さい

c'est sur votre gauche
左手にあります

allez tout droit
まっすぐ行って下さい

traversez
突っ切ってください

3d 上の道案内の地図を描きましょう。
Lisez le dialogue ci-dessus et dessinez un plan correspondant.

3e 説明を聞いて、右の地図でたどり着く場所を答えましょう。 *Regardez le plan, écoutez et indiquez la destination.*
🎧 2-04

1. _____

2. _____

3. _____

3f 地図で抜けている場所をペアの相手に尋ねましょう。

Posez des questions sur les lieux manquants.

A : Est-ce qu'il y a un hôtel près d'ici ?

B : Oui, allez tout droit et c'est sur votre gauche.

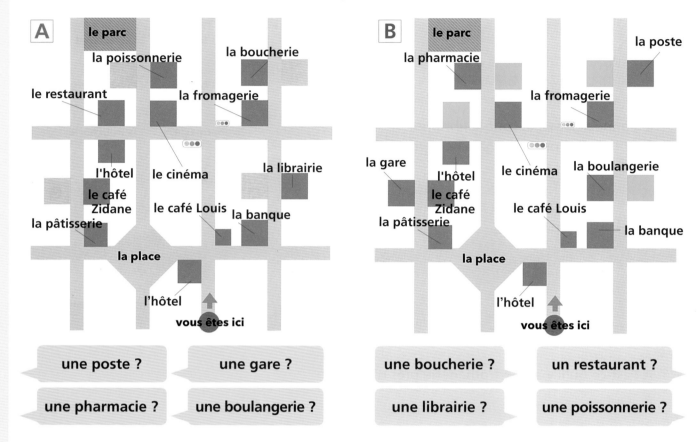

une poste ?   une gare ?   une boucherie ?   un restaurant ?

une pharmacie ?   une boulangerie ?   une librairie ?   une poissonnerie ?

4 中性代名詞 y

4a y は何を置き換えていますか。

Observez ! Y remplace quoi ?

A : Vous allez <u>au supermarché</u> ?

B : Oui, je vais <u>au supermarché</u> le samedi. → Oui, j'y vais le samedi.

B : Non, je ne vais pas <u>au supermarché</u>. → Non, je n'y vais pas.

> y は、場所を表す状況補語を受け、動詞の直前に入れます。

4b 代名詞 y を使って答えましょう。

Répondez en utilisant « y ».

1. Vous allez à la boulangerie ? Oui, _____ le mardi.

2. Tu vas au restaurant ? Oui, _____ le dimanche.

3. Ils vont à l'université ? Oui, _____ tous les jours.

4. Tu vas à la gare ? Oui, _____ aujourd'hui.

5. Elle va à la poste ? Non, _____.

5 eの読み方（2）語頭、語中の場合

5a リピートして、語頭や語中のeの読み方の規則を見つけましょう。

🎧 *Répétez et devinez la règle de lecture du « e » .*

2-05
regarder   appartement   vendredi   petit   relation → [ə]
espagnol   essayer   tablette   vert   restaurant → [e] もしくは [ε]

e + 子音字1つは　　　　[　] *
e + 子音字2つ以上は、[　] または [　]

> *ただし、exercice, exemple のように x の前では、[ε] と発音します。« x » は1文字でも、[gz] と2つの音を持つからです。

5b 下線部に気をつけて読み、音声を聞いて確認しましょう。

🎧 *Lisez puis vérifiez à l'aide de l'enregistrement. (♪2-06)*

1. message   2. elle   3. profession   4. je m'appelle   5. vous vous appelez
6. supermarché   7. cheveu   8. demain   9. melon   10. mercredi   11. Angleterre

6 Le petit challenge

6a テキストを読んで、赤字で書かれた場所と写真を結びつけましょう。
Lisez le texte et associez les noms en rouge avec les photos.

6b テキストの道順を下のパリの地図でたどりましょう。
À partir du plan de Paris ci-dessous retracez l'itinéraire de cette journée.

Deux jours à Paris : jour 1

Départ place de la Concorde. Traversez la Seine. Il y a le Palais Bourbon devant vous. Prenez à gauche au Palais Bourbon et allez au musée d'Orsay. La visite dure environ deux heures.
Ensuite, faites une promenade sur les quais de la Seine. Passez devant le musée du quai Branly et allez à la tour Eiffel. La vue est superbe.

6c インターネットで調べて、2日目の行程を提案しましょう。 *Faites des recherches sur Internet, et proposez la deuxième journée de visite à Paris.*

1 | Dialogue

Maxime : Léa, qu'est-ce que tu vas faire cet été ? Est-ce que tu vas travailler ?

Léa : Non, je vais partir en vacances.

Maxime : Où est-ce que tu vas ?

Léa : En Espagne.

Maxime : En Espagne ? Génial ! Avec qui est-ce que tu pars ?

Léa : Je pars avec mes parents.

Maxime : Quand est-ce que vous partez ?

Léa : Nous partons en juillet.

Maxime : Pourquoi est-ce que vous allez en Espagne ?

Léa : Parce que … Mais pourquoi toutes ces questions ?

2-07

1a ビデオを見て、正しい答えをチェックしましょう。
Écoutez attentivement et cochez la bonne réponse.

1. Cet été, Léa va ☐ travailler ☐ partir en vacances
2. Léa va ☐ en Espagne ☐ au Portugal
3. Léa y va avec ☐ son ami ☐ ses parents
4. Elle part ☐ en juillet ☐ en août

1b 聞こえた順に並べ替えましょう。
Retrouvez l'ordre.

b → ___ → ___ → ___ → ___

a. Avec qui est-ce que tu pars ?
b. Qu'est-ce que tu vas faire cet été ?
c. Pourquoi est-ce que vous allez en Espagne ?
d. Où est-ce que tu vas ?
e. Quand est-ce que vous partez ?

2 | 動詞 partir

2a partir の活用を覚えましょう。*Mémorisez la conjugaison de « partir ».*

2b dormir も partir と同じ活用をします。活用表を仕上げましょう。
Partir et dormir ont la même conjugaison. Complétez la conjugaison de « dormir ».

PARTIR（出発する）			
je	pars	nous	partons
tu	pars	vous	partez
il	part	ils	partent

DORMIR（眠る）			
je	dors	nous	dormons
tu	_____	vous	_____
il	_____	ils	_____

2c sentir（感じる）と sortir（出かける）を活用させましょう。
Conjuguez les verbes « sentir » et « sortir ».

3 | 月

2-08

3a リピートしましょう。
Écoutez et répétez.

les mois

janvier   avril   juillet   octobre
février   mai   août   novembre
mars   juin   septembre   décembre

3b 質問しましょう。
Posez des questions et répondez.

- Ton anniversaire, c'est quand ?
- Mon anniversaire, c'est le 10 juin.

3c 日付を書き取りましょう。*Écoutez et écrivez la date.*

2-09 Exemple : le 14 juillet.

1. _____   2. _____
3. _____   4. _____

4 疑問文の作り方（1）

4a 音声を聞いて、疑問文の作り方①、②を完成させましょう。

Écoutez et complétez.

2-10

疑問詞がない場合

① Vous allez à Paris ?
Elle parle l'italien ?

② Est-ce que vous allez à Paris ?
Est-ce qu'elle parle l'italien ?*

↪ **イントネーションを
上げる・下げる**

↪ **文頭に** ＿＿＿＿＿＿＿＿＿
を付ける

> * Est-ce que の後に母音や無音のhで始まる語が来ると、エリズィヨンを起こして Est-ce qu' になります。

4b 2通りの疑問文で書きましょう。

Écrivez deux questions.

1. Vous aimez la cuisine française.
2. Il a des amis belges.

4c 聞こえた質問を、est-ce que を付けた疑問文に言い換えましょう。

2-11

Écoutez les questions. Transformez selon l'exemple.

Paul est français ?
→ Est-ce que Paul est français ?

5 疑問文の作り方（2）

5a 音声を聞いて、疑問文の作り方③、④を完成させましょう。

Écoutez et déduisez la règle.

2-12

疑問詞がある場合

③ Vous partez quand ?
Il va où ?

④ Quand est-ce que vous partez ?
Où est-ce qu'il va ?

**平叙文の語順（主語＋動詞…）で、
尋ねたい部分を疑問詞に替える**

**文頭に「疑問詞＋＿＿＿＿＿＿＿＿」を
付け、残りは平叙文の語順（主語＋動詞…）**

5b 2通りの方法で、下線部を尋ねる疑問文を書きましょう。

Changez à la forme interrogative.

Vous allez au supermarché.
→
→

Il part le 10 août.
→
→

> *quoiは、疑問詞que の強勢形です。動詞の後に残す場合はquoi になります。
>
> **que は、est-ce que の前ではエリズィオンを起こして qu' になります。

5c リピートしましょう。次にペアで質問し合いましょう。 *Répétez et posez des questions.*

2-13

1. Tu vas où ?   Où est-ce que tu vas ?   Je vais à Paris.
2. Tu pars quand ?   Quand est-ce que tu pars ?   Je pars demain.
3. Tu fais quoi* ?   Qu' est-ce que** tu fais ?   Je fais la cuisine.
4. Tu aimes qui ?   Qui est-ce que tu aimes ?   J'aime Léa.
5. Tu travailles avec qui ?   Avec qui est-ce que tu travailles ?   Je travaille avec Paul.
6.   − − −   Pourquoi est-ce que tu aimes Paris ?   J'aime Paris parce que c'est beau.

5d 騒音がひどい場所にいて、相手の言ったことを1度では聞き取れません。聞き返しましょう。

💬 *Vous êtes dans un endroit très bruyant. Votre ami vous fait répéter tout ce que vous dites. Continuez le dialogue selon le modèle.*

Je vais **au café**.

Pardon ? Tu vas **où** ?
Où est-ce que tu vas ?

J'aime **Naomi**.

Pardon ? Tu aimes **qui** ?
Qui est-ce que tu aimes ?

12

2-14

5e 音声を聞いて、リストの語を表に入れましょう。*Écoutez et complétez le tableau à l'aide des informations ci-dessous.*

	QUI	AVEC QUI	QUOI	QUAND	OÙ
1					
2					
3					

THOMAS   GREG   GINA   NANA   SYLVAIN   FRED

ALLER   REGARDER UN FILM   PARTIR   CINÉMA

DIMANCHE   LE 12 SEPTEMBRE   DEMAIN   PARIS   ITALIE

2-15

5f 質問に答えましょう。*Écoutez et répondez aux questions.*

5g ペアの相手に質問をして、抜けている情報を書き込みましょう。*Posez des questions et complétez.*

A : Qui regarde un film ?   B : C'est Lili.

B : Qu'est-ce que Léon fait lundi ?   A : Il part.

A

QUI	QUOI	QUAND	OÙ
	regarder un film		cinéma
Léon	partir	lundi	Italie
Sylvain		demain	
Momo	faire du sport	ce soir	université
Ali	aller		
Naomi	faire la cuisine	dimanche	chez elle

B

QUI	QUOI	QUAND	OÙ
Lili	regarder un film	samedi	cinéma
Léon		lundi	
Sylvain	aller	demain	Lille
Momo			université
Ali	aller	jeudi	Lyon
	faire la cuisine		chez elle

6 近接未来（これから～する）

6a 近接未来の文を見て、近接未来の作り方を完成させましょう。*Observez et choisissez le verbe correspondant.*

Je **vais faire** la cuisine.

Nous **allons travailler** ensemble.

Sylvain **va sortir** ce soir.

> **近接未来の作り方**
> **aller・avoir** の活用形 ＋ 不定詞

6b 近接未来の文を完成させましょう。*Conjuguez au futur proche.*

1. Je _____ (sortir) avec Jamel.

2. Vous _____ (étudier) l'économie ?

3. Nous _____ (prendre) de la salade.

6c 次の文を近接未来に書き換えましょう。*Transformez au futur proche.*

1. Vous tournez à droite.   → _____

2. Nous faisons les courses. → _____

3. Clémentine a 20 ans.   → _____

pause café

フランスの小中高等学校では、ヴァカンスが定期的にやってきて、1年にリズムを与えています：10月に2週間（万聖節）、12月に2週間（クリスマス）、2月に2週間（冬休み）、3月か4月に2週間（復活祭）、そして夏に8週間。

6d 近接未来を使ってこの夏休みの予定をお互いに語りましょう。*Imaginez un dialogue au futur proche.*

💬 voir ses grands-parents ❖ aller à la mer ❖ aller à la campagne ❖ aller à la montagne
voyager en/au/aux... ❖ faire un stage d'entraînement ❖ faire du camping ❖ faire du sport ❖
aller en Europe ❖ rester chez moi ❖ voir des films ❖ lire des livres

> A : Qu'est-ce que tu vas faire pendant les vacances ?
> B : Je vais faire un stage d'entraînement.
> A : Quand est-ce que tu vas partir ?
> B : Je vais partir le 5 août. Et toi ?

7 ien の読み方

7a リピートして、ien の読み方を確認しましょう。*Répétez et vérifiez la manière de lire « ien ».*

🎧 2-16

italien ancien bien chien tu viens
italienne brésilienne ancienne
science patience orient conscient

➡ 原則 [jɛ̃] と読みます
➡ ien に n が続くと、鼻母音ではなくなります。ienn [jɛn]
➡ ience, ient で終わる名詞、ient で終わる形容詞、および
その派生語では、[jɑ̃]

7b 下線部に気をつけて読み、音声を聞いて確認しましょう。*Lisez et vérifiez.*

🎧 2-17

1. parisien   2. parisienne   3. musicien   4. musicienne   5. chrétien
6. chrétienne   7. patience   8. quotidien   9. inconscient   10. brésilien
11. expérience 12. quotidienne   13. il devient   14. rien

8 Le petit challenge

8a アンケート結果を見て、アンケートで使われた質問を4つ考えましょう。**Vous** を使って尋ねましょう。
Lisez et retrouvez les 4 questions du sondage.

Les Français et les vacances d'été

_____ ?
45 % partent à la mer
30% partent à la campagne
27 % partent en ville
17 % partent à la montagne   ①

_____ ?
42 % partent en août
24% partent en septembre
19 % partent en juillet   ②

_____ ?
55 % font des promenades
30 % vont à la plage
27 % visitent des villes
20 % visitent des sites naturels
16 % visitent des musées
12 % font du shopping   ④

_____ ?
30% dorment chez un parent
17% dorment dans une résidence secondaire
11% dorment dans un camping
6% dorment chez des amis   ③

Bonnes vacances !

8b 8a の質問をクラスメートにし、クラスの結果を出しましょう。
Posez ces questions à vos camarades et écrivez le résultat obtenu.

57

_____ /100

1 正しい代名詞を選びましょう。
Choisissez le pronom COD correspondant. ___ / 12

a. - Tu veux ces livres ? - Oui, je _____ veux.   ❑ le   ❑ en   ❑ les   ❑ la

b. - Tu veux ce sac ? - Oui, je _____ veux.   ❑ le   ❑ en   ❑ les   ❑ la

c. - Tu aimes cet exercice ? - Oui, je _____ aime bien.   ❑ la   ❑ en   ❑ les   ❑ l'

d. - Tu aimes cette montre ? - Oui, je _____ aime bien.   ❑ l'   ❑ en   ❑ les   ❑ la

2 正しい所有形容詞を選びましょう。
Choisissez l'adjectif possessif correspondant. _____ / 10

a. C'est _____ livre.   ❑ mon   ❑ ma   ❑ mes

b. C'est _____ amie.   ❑ son   ❑ sa   ❑ ses

c. _____ amis sont français.   ❑ ton   ❑ ta   ❑ tes

d. _____ photos sont belles.   ❑ votre   ❑ vos

e. C'est _____ livre.   ❑ leur   ❑ leurs

3 形容詞を正しい形にして、正しい位置に入れましょう。
Placez et accordez les adjectifs. _____ / 8

a. une _____ tomate _____ (rouge, bon)

b. un _____ vélo _____ (blanc, joli)

4 動詞を活用させましょう。
Conjuguez les verbes entre parenthèses. _____ / 10

a. Ils _____ (vouloir) un thé.

b. Nous _____ (prendre) un café.

c. Tu _____ (partir) demain.

d. Je _____ (dormir) bien.

e. Elle _____ (vouloir) des crayons.

5 命令形に書き換えましょう。
Écrivez les phrases ci-dessous à l'impératif. _____ / 12

a. Tu tournes à gauche.

b. Tu vas à la gare.

c. Vous prenez des bananes.

d. Nous téléphonons à Marie.

6 代名詞 y を使って答えましょう。
Répondez en utilisant le pronom « y ». _____ / 8

a. Tu vas au supermarché ?

Non, _____

b. Elle va à la gare ?

Oui, _____

🎧 7 書き取りましょう。
2-18   Dictée : Écrivez les phrases. _____ / 8

1. _____

_____

2. _____

_____

🎧 8 説明を聞き、以下の文が正しければ Vrai、間違っていれば Faux をチェックしましょう。
2-19   Écoutez et indiquez si c'est vrai ou faux. _____ /10

	Vrai	Faux
a. Marc est grand.	❑	❑
b. Marc a les cheveux blonds.	❑	❑
c. Marc est courageux.	❑	❑
d. Marc est gentil.	❑	❑
e. Marc est jeune.	❑	❑

9 指示形容詞 ce - cet - cette - ces を入れましょう。
Complétez par « ce - cet - cette - ces ». _____ / 7

Je veux _____ pantalon _____ cravate, _____ robe, _____ ordinateur, _____ montres, _____ chaises, et _____ crayon.

10 下線部を尋ねる質問を考えましょう。
Trouvez la question. ___ / 15

a. - _____ ?

- Je vais à **Marseille**.

b. - _____ ?

- Je vais à Marseille **demain**.

c. - _____ ?

- Je fais **la cuisine**.

d. - _____ ?

- J'aime **Paul**.

e. - _____ ?

- Je travaille **avec elle**.

EXPRIMEZ-VOUS 話してみよう！

1 以下の写真と situation を結び付けましょう。*Associez les images aux situations ci-dessous.*

2 それぞれの situation に合った会話を準備して演じましょう。
Imaginez un dialogue pour chaque situation et jouez la scène.

▶ **SITUATION 1**

Vous voulez acheter un pull,
un pantalon et un T-shirt.

▶ **SITUATION 2**

Expliquez comment aller de la gare
jusqu'à chez vous.

▶ **SITUATION 3**

Vous expliquez le plan de votre
appartement à votre ami.

▶ **SITUATION 4**

Vous allez au marché. Vous faites les
courses pour préparer une
choucroute.

QUIZ CULTUREL

la choucroute de
Strasbourg

le cidre de
Normandie

la bouillabaisse de
Marseille

les crêpes de
Bretagne

le cassoulet de
Toulouse

les quenelles de
Lyon

1 写真の料理・特産品の産地を地図上 (p. 122) で確認しましょう。*Situez sur la carte p. 122 les spécialités ci-dessus.*

2 フランスの他の郷土料理・特産品を知っていますか。*Connaissez-vous d'autres spécialités françaises ?*

3 あなたの国の郷土料理・特産品を教えてください。*Quelles sont les spécialités de votre pays ?*

1 je conjugue, tu conjugues

1 活用を覚えましょう。*Mémorisez la conjugaison.*

PRENDRE					ENTENDRE				
je	prends	je	**ne** prends	**pas**	j'	entends	je	**n'**entends	**pas**
tu	prends	tu	**ne** prends	**pas**	tu	entends	tu	**n'**entends	**pas**
il	prend	il	**ne** prend	**pas**	il	entend	il	**n'**entend	**pas**
nous	prenons	nous	**ne** prenons	**pas**	nous	entendons	nous	**n'**entendons	**pas**
vous	prenez	vous	**ne** prenez	**pas**	vous	entendez	vous	**n'**entendez	**pas**
ils	prennent	ils	**ne** prennent	**pas**	ils	entendent	ils	**n'**entendent	**pas**

2 活用させましょう。*Conjuguez.*

comprendre
je _____
tu _____
il _____
nous _____
vous _____
ils _____

3 活用させましょう。*Conjuguez.*

perdre
je _____
tu _____
il _____
nous _____
vous _____
ils _____

4 主語と動詞を結びつけましょう。*Associez.*

vous •
nous •
il, elle on •
ils, elles •
je, j', tu •

• comprends
• attend
• entendez
• mordent
• perdent
• perd
• attendez
• entendent
• prenons
• comprenons
• prennent
• entends

5 活用表を見ずに動詞を活用させましょう。*Complétez sans regarder la conjugaison.*

1. Je _____ le train. (prendre)
2. Nous _____ vite. (comprendre)
3. Ils _____ bien. (entendre)
4. Tu _____ ton temps. (perdre)
5. Il _____. (mordre)
6. Vous _____ son ami. (attendre)
7. Elle _____ une photo. (prendre)
8. Nous _____ nos affaires. (perdre)

6 上の文を否定形で書きましょう。*Écrivez les phrases de l'exercice précédent à la forme négative.*

7 6の文を音読しましょう。*Lisez les phrases à voix haute.*

2

1 活用を覚えましょう。*Mémorisez la conjugaison.*

VOULOIR					POUVOIR				
je	veux	je	**ne** veux	**pas**	je	peux	je	**ne** peux	**pas**
tu	veux	tu	**ne** veux	**pas**	tu	peux	tu	**ne** peux	**pas**
il	veut	il	**ne** veut	**pas**	il	peut	il	**ne** peut	**pas**
nous	voulons	nous	**ne** voulons	**pas**	nous	pouvons	nous	**ne** pouvons	**pas**
vous	voulez	vous	**ne** voulez	**pas**	vous	pouvez	vous	**ne** pouvez	**pas**
ils	veulent	ils	**ne** veulent	**pas**	ils	peuvent	ils	**ne** peuvent	**pas**

2 音声を聞いて、単数・複数を選び、文をリピートしましょう。*Écoutez, cochez & répétez.*

2-20

	Ex.	a	b	c	d	e
sing.	☑	☐	☐	☐	☐	☐
plur.	☐	☐	☐	☐	☐	☐

3 書き取りましょう。*Écoutez et écrivez.*

2-21
1. _____
2. _____
3. _____
4. _____

4 主語と動詞を結びつけましょう。*Associez.*

vous •
nous •
il, elle on •
ils, elles •
je, tu •

• peuvent
• veulent
• voulez
• veux
• pouvons
• veut
• voulons
• pouvez
• peux
• peut

5 活用表を見ずに動詞を活用させましょう。*Complétez sans regarder la conjugaison.*

1. Je _____ venir. (pouvoir)
2. Nous _____ partir. (vouloir)
3. Ils _____ dormir. (vouloir)
4. Tu _____ comprendre. (pouvoir)
5. Il _____ attendre. (pouvoir)
6. Vous _____ dormir. (vouloir)
7. Elle _____ sortir. (vouloir)
8. Je _____ partir. (vouloir)
9. Ils _____ perdre. (pouvoir)
10. Nous _____ sortir. (pouvoir)

6 練習5の文を否定形で書きましょう。*Écrivez les phrases de l'exercice précédent à la forme négative.*

7 6の文を音読しましょう。*Lisez les phrases à haute voix.*

elle conjugue, nous conjuguons 3

1 活用を覚えましょう。*Mémorisez la conjugaison.*

ALLER				
je	vais	je	**ne** vais	**pas**
tu	vas	tu	**ne** vas	**pas**
il	va	il	**ne** va	**pas**
nous	allons	nous	**n'**allons	**pas**
vous	allez	vous	**n'**allez	**pas**
ils	vont	ils	**ne** vont	**pas**

VENIR				
je	viens	je	**ne** viens	**pas**
tu	viens	tu	**ne** viens	**pas**
il	vient	il	**ne** vient	**pas**
nous	venons	nous	**ne** venons	**pas**
vous	venez	vous	**ne** venez	**pas**
ils	viennent	ils	**ne** viennent	**pas**

⚠ devenir, revenir も venir と同じ活用をします。

2 音声を聞いて、単数・複数を選び、文をリピートしましょう。
Écoutez, cochez & répétez.
🎧 2-22

	Ex.	a	b	c	d	e
sing.	☐	☐	☐	☐	☐	☐
plur.	☑	☐	☐	☐	☐	☐

3 書き取りましょう。*Écoutez et écrivez.*
🎧 2-23

1. _____
2. _____
3. _____
4. _____

4 主語と動詞を結びつけましょう。*Associez.*

vous •   • vont
                • devient
tu •   • va
                • revenez
nous •   • vient
                • allons
il, elle on •   • venons
                • deviens
ils, elles •   • deviennent
                • viens
je •   • vas

5 活用表を見ずに動詞を活用させましょう。*Complétez sans regarder la conjugaison.*

1. Je _____ demain. (venir)
2. Nous _____ à Paris. (aller)
3. Ils _____ de Paris. (revenir)
4. Tu _____ rouge. (devenir)
5. Il _____ bien. (aller)
6. Vous _____ à Lille. (aller)
7. Elle _____ ici. (venir)
8. Ils _____ en France. (aller)

6 上の文を否定形で書きましょう。*Écrivez les phrases de l'exercice précédent à la forme négative.*

7 ⑥の文を音読しましょう。*Lisez les phrases à haute voix.*

---

1 活用を覚えましょう。*Mémorisez la conjugaison.*

PARTIR				
je	pars	je	**ne** pars	**pas**
tu	pars	tu	**ne** pars	**pas**
il	part	il	**ne** part	**pas**
nous	partons	nous	**ne** partons	**pas**
vous	partez	vous	**ne** partez	**pas**
ils	partent	ils	**ne** partent	**pas**

DORMIR				
je	dors	je	**ne** dors	**pas**
tu	dors	tu	**ne** dors	**pas**
il	dort	il	**ne** dort	**pas**
nous	dormons	nous	**ne** dormons	**pas**
vous	dormez	vous	**ne** dormez	**pas**
ils	dorment	ils	**ne** dorment	**pas**

2 音声を聞いて、単数・複数を選び、文をリピートしましょう。*Écoutez, cochez & répétez.*
🎧 2-24

	Ex.	a	b	c	d	e
sing.	☐	☐	☐	☐	☐	☐
plur.	☑	☐	☐	☐	☐	☐

3 活用させましょう。*Conjuguez.*

sortir
je _____
tu _____
il _____
nous _____
vous _____
ils _____

4 主語と動詞を結びつけましょう。*Associez.*

tu •   • partent
                • mentons
nous •   • dors
                • sert
vous •   • partez
                • servent
elle, il, on • • dort
                • mentent
ils/elles •   • dormez
                • mens
je •   • servons

5 活用表を見ずに動詞を活用させましょう。*Complétez sans regarder la conjugaison.*

1. Je _____ tard. (sortir)
2. Nous _____ beaucoup. (dormir)
3. Ils _____ demain. (partir)
4. Tu _____ ! (mentir)
5. Il _____ le repas. (servir)
6. Vous _____ bien. (dormir)
7. Elle _____ toujours. (mentir)
8. Je _____ le dessert. (servir)

6 上の文を否定形で書きましょう。*Écrivez les phrases de l'exercice précédent à la forme négative.*

7 ⑥の文を音読しましょう。*Lisez les phrases à haute voix.*

Révisions, le temps, les heures

復習、天気、時刻

1 復習

1a （4、5人で）グループのメンバーが順番に1つずつコマを進め、書いてある指示に従います。

Faites des groupes de 4, 5 personnes et répondez aux questions ci-dessous.

CASE DÉPART

全員でalphabet を言いましょう。 **L.1**	色をできるだけ多く言いましょう。 **L.7**

メンバー全員とあいさつをしてください。 **L.1**

faire を活用させ、続いて右隣の人と自分がする家事、しない家事を言いましょう。 **L.6**

aller を活用させ、続いて右隣の人に土曜日にどこに行くか尋ねましょう。 **L.6**

自分の名前を言って、スペルを言いましょう。 **L.1**

全員で、20〜60を数えましょう。 **L.5**

自分の家の間取りを説明しましょう。 **L.10**

être を活用させ、続いて自分の国籍を言いましょう。 **L.2**

フランス語の先生を描写しましょう。 **L.7**

市場で、ジャガイモ1kg、人参4本、いちご500g を注文してください。 **L.9**

右隣の人とお互いに職業を言いましょう。 **L.2**

prendre を活用させ、続いて右隣の人と朝食に摂るものを言いましょう。 **L.8, 9**

全員で60〜100を数えましょう。 **L.7**

メンバー全員が出身地を言います。 **L.2**

avoir を活用させ、続いて右隣の人に年齢を尋ね、答えてもらいましょう。 **L.5**

右隣の人に電話番号を尋ね、答えてもらいましょう。 **L.7**

parler を活用させ、続いて右隣の人と話せる言語を言いましょう。 **L.3**

Il y a を使って、机の上にあるものを言いましょう。 **L.5**

L.11 3eの地図を使ってホテルまでの道順を説明しましょう。 **L.11**

habiter を活用させ、続いて右隣の人と住んでいる町と国を言いましょう。 **L.4**

étudier を活用させ、続いて右隣の人と自分の専攻を言いましょう。 **L.3**

右隣の人に、今週末の予定を尋ね、答えてもらいましょう。 **L.12**

aimer を活用させ、続いて右隣の人と好きなスポーツを言いましょう。 **L.3**

全員で、1〜20を数えましょう **L.4**

CASE ARRIVÉE

1b 以下の質問に答えましょう。

Répondez aux questions ci-dessous.

> Vous êtes chinois ?

> Quelle est votre nationalité ?

> Vous habitez où ?

> Vous avez quel âge ?

> Vous parlez quelles langues ?

> Qu'est-ce que vous faites dans la vie ?

1c できるだけ多くのクラスメートに **1b** の質問をしましょう。

Posez les questions de l'ex 1b à un maximum de personnes.

1d (4人で) 以下の人物になって、自己紹介をしましょう。

Formez les groupes de 4 personnes. Choisissez une identité. Présentez-vous.

Carmen Lopez	Patrik Bertrand	Yu Chang	Sylvain Valence
espagnole	anglais	chinoise	français
espagnol, français	angl., fr., allemand	chinois, coréen, angl.	fr., angl., jp.
Mexique, Mexico	Allemagne, Berlin	États-Unis, Boston	France, Marseille
45 ans professeur	36 ans journaliste	52 ans fonctionnaire	29 ans employé

1e 次の人物をできるだけ詳しく描写しましょう。

Écrivez trois caractéristiques pour chaque personne.

Alexandre

Norbert

Céline

1f リストの語を使って、できるだけ多くの文を作りましょう。

À l'aide des mots ci-dessous, écrivez le maximum de phrases.

je, tu, il, elle,
ma sœur, nous, vous,
ils, elles,
mes parents

être, avoir, habiter,
travailler, parler,
étudier, prendre, faire,
aimer, aller, partir,
tourner à droite

en France, à Lyon
français(e), étudiant(e)
l'anglais, la sociologie
la France
la cuisine
18 ans, un grand sac
au restaurant, à la poste
en août, samedi
le 25 décembre

quand
où / qui
comment
quoi / que

ne … pas

2a リピートしましょう。

Écoutez et répétez.

 beau   **nuageux**   **orageux**   **humide**   **pleut**

il fait  **froid**   **bon**    **chaud**    **20 degrés**   **il**   **neige**

2b 天気予報を聞いて、各都市の天気と気温を表に記入しましょう。

Écoutez et complétez.

Paris	*il pleut*	16°
Lille		
Nantes		
Chamonix		
Bordeaux		
Marseille		

2c 2b の表を見ながら各都市の天気を言いましょう。

Regardez le tableau 2b et continuez la conversation.

A : Quel temps fait-il à Paris ?
B : À Paris, il pleut. Il fait 16 degrés.

天気を尋ねるときは、
Quel temps fait-il ?

2d p. 122 の地図を見て、2b の都市の位置を確認しましょう。

Regardez la carte p. 122 et situez les villes de l'ex 2b.

2e ペアの相手に質問をして、表を完成させましょう。

Complétez le tableau en posant des questions à votre voisin.

A : Quel temps fait-il à Paris lundi ?
B : Il fait nuageux. Il fait 14 degrés.

A

	TOKYO		PARIS	
lundi	🌧	12°		
mardi			🌧	16°
mercredi	☁	14°		
jeudi			☀	14°
vendredi	☀	26°		
samedi			☀	21°
dimanche	☁	28°		

B

	TOKYO		PARIS	
lundi			☁	14°
mardi	☀	20°		
mercredi			☀	21°
jeudi	☀	20°		
vendredi			☁	14°
samedi	💧	27°		
dimanche			☀	22°

3 時刻

3a 時刻をリピートしましょう。
Écoutez et répétez.
2-27

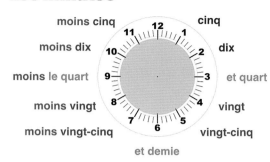
時刻を尋ねるときは、
Quelle heure est-il ?
時刻を言うときは、
Il est trois heures.

Les heures

midi ☀
minuit 🌙

onze heures
dix heures
neuf heures
huit heures
sept heures
six heures

une heure
deux heures
trois heures
quatre heures
cinq heures

Les minutes

moins cinq
moins dix
moins le quart
moins vingt
moins vingt-cinq

cinq
dix
et quart
vingt
vingt-cinq

et demie

3b a～fは下のどの時刻を言っていますか。
Écoutez et notez la lettre correspondante.
2-28

☐ 12:30   3:45 ☐

☐ 11:15   6:40 ☐

☐ 8:20   13:10 ☐

3c 3b の時刻を言いましょう。
Dites l'heure. Utilisez l'ex 3b.

A : Quelle heure est-il ?
B : Il est midi et demie.

3d アポイントの時刻を聞き取って記入しましょう。
Écoutez et notez les rendez-vous. (♪2-29)

Rendez-vous

M. Simon : _____ .   Mme Sicaud _____
M. Da Silva _____ .   Mme Sissy _____

---

4 発音のコツ! [si]

astuce

日本語には [si] の音が存在しないので、つい日本語の「シ」で置き換えてしまう傾向があります。[si] は「シ」に比べて、呼気の通り道が狭く、口の前方で発音します。

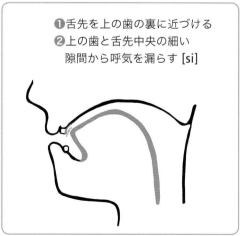
❶舌先を上の歯の裏に近づける
❷上の歯と舌先中央の細い隙間から呼気を漏らす [si]

4a リピートしましょう。
Écoutez et répétez.
2-30

4b 聞こえた音をチェックしましょう。答えを確認したら、p.128 の transcription を読みましょう。
2-31
Cochez [si] ou [ʃi].

Exemple : ciné

	Ex.	1	2	3	4	5	6
[si]	☑	☐	☐	☐	☐	☐	☐
[ʃi]	☐	☐	☐	☐	☐	☐	☐

4c できるだけ速くリピートしましょう。
Répétez le plus vite possible.
2-32

Si six scies scient six cyprès, six cent six scies scient six cent six cyprès.

14

Parler de sa journée
自分の一日を語る

1 Dialogue

2-33

Jun : Dis, 目が覚める, ça se dit comment en français ?

Léa : Ça se dit « se réveiller ».

Jun : Ça s'écrit comment ?

Léa : S. E. plus loin R. É. V. E. I. L. L. E. R.

Jun : D'habitude, tu te réveilles à quelle heure ?

Léa : Je me réveille à 6 heures et demie. Puis je me lave, je me maquille, je m'habille et je prends mon petit déjeuner. Le soir, je me repose et je me couche à 23 heures.

Jun : Moi, je me réveille à 8 heures.

Léa : C'est tard.

Jun : Ben oui, le matin, je ne me lave pas, je ne me rase pas, je ne prends même pas le petit déjeuner.

Léa : Ah bon ?

1a 正しい答えをチェックしましょう。
Cochez la réponse correcte.

1. 目が覚める, ça se dit …
☐ se réveiller   ☐ se laver   ☐ se maquiller

2. Léa se réveille …
☐ à 6 h 30   ☐ à 7 h 30   ☐ à 8 h

3. Léa se couche …
☐ à 22 h   ☐ à 23 h   ☐ à minuit

1b 聞こえた順に番号を振りましょう。
Indiquez dans quel ordre les actions ci-dessous sont citées.

je me maquille	je me couche	je me repose	je me lave	je me réveille	je m'habille
(se maquiller)	(se coucher)	(se reposer)	(se laver)	(se réveiller)	(s'habiller)
☐	☐	☐	☐	1	☐

2 代名動詞（1）再帰的用法

2a 下線部 me, s' は、それぞれ何を指しているか考えましょう。 *Réfléchissez au sens de « me » et « s' ».*

Je lave **mon chien**. 私は自分の犬を洗う

Je me lave. 私は体を洗う

Léa habille **les enfants**. レアは子供達に服を着せる

Léa s'habille. レアは服を着る

> me, se (s') は、再帰代名詞で、主語と同じ人称を表します。
> Je me lave.
> 私は自分を洗う
> →私は体を洗う

2b 代名動詞の活用を覚えましょう。　*Mémorisez la conjugaison.*

SE LAVER（身体を洗う）					
je	me	lave	nous	nous	lavons
tu	te	laves	vous	vous	lavez
il	se	lave	ils	se	lavent

S'HABILLER（服を着る）					
je	m'	habille	nous	nous	habillons
tu	t'	habilles	vous	vous	habillez
il	s'	habille	ils	s'	habillent

2c 次の代名動詞を活用させましょう。　*Conjuguez les verbes ci-dessous.*

se maquiller ❖ se réveiller ❖ se raser ❖ se reposer ❖ se coucher

「何時に？」と
尋ねるときは
… à quelle heure ?
答えは、
À cinq heures.

2d 代名動詞を活用させ、文を完成させましょう。　*Conjuguez les verbes entre parenthèses.*

1. Tu ＿＿＿＿＿＿＿＿＿＿ (se coucher) à quelle heure ?
2. Je ＿＿＿＿＿＿＿＿＿＿ (se reposer) dans la chambre.
3. Mes amies ＿＿＿＿＿＿＿＿＿＿ (se maquiller) avant le petit déjeuner.
4. Est-ce que vous ＿＿＿＿＿＿＿＿＿＿ (se raser) tous les jours ?

2e Zoé の 1 日を聞き、絵に時刻を書き込みましょう。　*Écoutez et écrivez les heures.*

🎧 2-34

 a  b c d e  f g

6h00　＿＿＿＿　＿＿＿＿　＿＿＿＿

2f 2e の絵を見て、Zoé の 1 日を書きしましょう。
Écrivez la journée de Zoé (2e).

Zoé se réveille à 6 heures. Elle se lave à …

2g ペアで質問し合いましょう。
💬 *Posez des questions à votre camarade.*

A : Tu te laves à quelle heure ?
B : Je me lave le matin, à 8 heures.
A : Moi, je me lave le soir, à 10 heures.
B : Tu te couches à quelle heure ?
A : Je me couche à minuit.

3　代名動詞の否定形

S'HABILLER の否定形	
je **ne** m'habille **pas**	nous **ne** nous habillons **pas**
tu **ne** t'habilles **pas**	vous **ne** vous habillez **pas**
il **ne** s'habille **pas**	ils **ne** s'habillent **pas**

3a se coucher を否定形で活用させましょう。
Conjuguez le verbe « se coucher » à la forme négative.

3b 否定で答えましょう。
Répondez à la forme négative.

1. Claire et Mila se maquillent ?
2. Tu te reposes à midi ?
3. Vous vous couchez tôt ?

3c 下の表を見て、Marco と Mila がしないことを言いましょう。
Regardez le tableau et dites ce que Mila et Marc ne font pas.

- Mila ne se réveille pas à 8 heures, elle se réveille à 6 heures.
- Marco ne se lave pas le matin, il se lave le soir.

	se réveiller	se laver	se maquiller	se raser	se coucher	se reposer
Marco	7h	le soir	×	le matin	minuit	×
Mila	6h	le matin	le matin	×	23h	le soir

3d ペアで質問し合い、現実に即して答えましょう。 *Répondez.*

A : Tu te laves le matin ?

B : Oui, je me lave à 7 heures. / Non, je ne me lave pas le matin.

A : Tu t'habilles à 8 heures ?

B : Non, je ne m'habille pas à 8 heures, je m'habille à 7 heures.

4 代名動詞（2）受動的用法

Ça s'écrit comment ?
どう書くのですか？

Ça s'écrit M.I.G.N.O.N.

Ça se dit comment ?
どう言うのですか？

Ça se dit : « Bonne chance. »

Ça se prononce comment ?
どう発音するのですか？

Ça se prononce [bœr].

ペアで質問し合い、表を埋めましょう。

Posez des questions et complétez le tableau.

A : « かわいい », ça se dit comment en français ?

B : Ça se dit : « mignon ».

A : Ça s'écrit comment ?

B : Ça s'écrit M.I.G.N.O.N.

japonais 🇯🇵	français 🇫🇷	anglais 🇬🇧
かっこいい		
	Super !	
		Perfect !
bonjour		

5 代名動詞（3）相互的用法

主語が複数で、「お互いに」の意味を持ちます

Nous **nous** aimons.

Ils **se** regardent.

5a voir（会う）、envoyer（送る）、dire（言う）、écrire（書く）の活用を覚えましょう。

p.118 参照

Mémorisez la conjugaison des verbes suivants : voir, envoyer, dire, écrire.

5b 次の文を訳しましょう。 *Traduisez les phrases.*

1. Nous nous voyons le lundi.
2. Vous vous dites « Bonjour » ?
3. Laure et Sébastien s'envoient des e-mails.

5c 音声を聞き、Marie と Luc についての文章を完成させましょう。 *Écoutez et complétez.*

Marie et Luc _____ beaucoup.

Ils _____ tous les jours.

Ils _____ et ils _____ « Je t'aime. » tout le temps. Ils _____ des mails tous les matins, et ils _____ tous les soirs.

tous les jours 毎日
tous les matins 毎朝
tous les soirs 毎晩
tout le temps ずっと

5d 別れた Dorothée と Fabien がもうしなくなったことを書きましょう。

Dorothée et Fabien ne sont plus ensemble. Dites ce qu'ils ne font plus.

ne...plus（もはや〜ない）
を使いましょう。
Ils ne s'aiment plus.

1. Ils _____ . (se voir)

2. Ils _____ . (s'embrasser)

3. Ils _____ « je t'aime » . (se dire)

4. Ils _____ de e-mail. (s'envoyer)

6 発音のコツ！【ʒ】

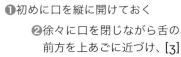

【ʒ】は、舌の前方を上あごに近づけ、その隙間から呼気を漏らして出します。日本語の「ジュ[dʒ]」と異なり、舌先が上の歯茎や上あごに触れることはありません。

❶初めに口を縦に開けておく
❷徐々に口を閉じながら舌の前方を上あごに近づけ、[ʒ]

△舌先は上あごに絶対に付けない

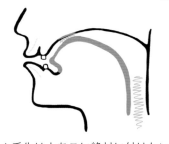
初めに口を開け、徐々に閉じながら、

6a リピートしましょう。
2-37 *Écoutez et répétez.*

6b 聞こえた音をチェックしましょう。
2-38 *Écoutez et cochez.*

	1	2	3	4	5	6
j[ʒ]	☐	☐	☐	☐	☐	☐
dj[dʒ]	☐	☐	☐	☐	☐	☐

6c 以下の語を読み、音声を聞いて確認しましょう。
2-39 *Lisez et vérifiez.*

1. âge   2. beige   3. loge   4. rouge
5. âgé   6. léger   7. loger   8. bouger
9. jupe   10. gilet   11. jaune   12. jour

7 Le petit challenge

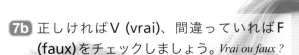

7a 読みましょう。 *Lisez le texte. Aidez-vous d'un dictionnaire.*

Bonjour, je m'appelle Mathilde. J'ai 19 ans. Je suis étudiante en économie à Paris Dauphine. Voici ma routine quotidienne : Je me réveille tous les jours à sept heures. Je prends le petit déjeuner. Tous les matins, je mange du pain avec du beurre et de la confiture, et je bois un grand café noir. J'écoute la radio et je lis le journal. Je pars de chez moi à 8 heures et je vais à l'université. Je vois mes amis. Nous nous voyons tous les jours. Tous les soirs, je travaille dans un petit supermarché près de chez moi. C'est fatigant. Je n'aime plus ce travail. Mes collègues ne sont pas sympas. Ils ne me disent même pas bonjour ! Après, je rentre directement chez moi. Je fais mes devoirs et j'envoie des messages à mes amis. Je me couche vers minuit. C'est tout !

7b 正しければV (vrai)、間違っていればF (faux)をチェックしましょう。*Vrai ou faux ?*

1. **Mathilde se réveille à 8 heures. V / F**
2. **Elle ne boit pas de thé le matin. V / F**
3. **Elle voit ses amis tous les jours. V / F**
4. **Mathilde n'envoie pas de messages à ses amis. V / F**

7c 自分の1日を語りましょう。

Vous aussi, parlez de votre routine quotidienne.

Exprimer le passé récent

今していること、したばかりのことを言う

1 Dialogue

Maxime : Pour l'anniversaire de Mélanie, on fait quoi ?

Léa : Ben justement, je suis en train de chercher des idées de cadeau.

Maxime : Elle adore la vaisselle… Ce grand bol laqué par exemple.

Léa : Non, elle vient d'acheter un bol japonais.

Maxime : Alors, on lui offre un verre en cristal ?

Léa : Non, elle vient d'acheter des verres.

Maxime : Et un plateau en argent ?

Léa : Non, elle en a déjà un.

Maxime : Je ne sais pas moi… On lui offre un livre sur l'art de la table ?

Léa : Pourquoi pas…

Maxime : Et on l'invite au restaurant.

Léa : Voilà une bonne idée !

 2-40

1a 聞こえた順に番号を振りましょう。
Indiquez dans quel ordre les objets ci-dessous sont cités.

un plateau   un livre   un bol   un verre

☐   ☐   ☐   ☐

1b 正しい答えを選びましょう。
Choisissez la réponse correcte.

1. **Léa cherche …**
   a. un restaurant   b. un cadeau   c. Mélanie
2. **Léa et Maxime invitent Mélanie …**
   a. chez eux   b. au café   c. au restaurant
3. **Léa et Maxime offrent à Mélanie …**
   a. un livre   b. un gâteau   c. un plateau

2 主語人称代名詞 on

2a on の用法を確認し、活用形について正しい答えを選びましょう。
Observez et complétez le tableau.

I) nous の代わり

On part à quelle heure demain ?

Qu'est-ce qu'**on fait** ce week-end ?

II) 「人々は」の意味

On parle quelle langue au Canada ?

Au Japon, **on roule** à gauche.

> **on の活用形**
> il/elle と同じ、3人称 単数形・複数形

2b ペアで、土曜日にすることを相談しましょう。
Faites des variations selon le modèle.

A : Qu'est-ce qu'on fait samedi ?

B : On va à Disneyland ?

A : C'est une bonne idée !

 C'est une bonne idée.

 Pourquoi pas. / Si tu veux.

 Bof, tu as une autre idée ?

aller au cinéma ❖ aller au musée ❖ aller au restaurant ❖ travailler ensemble

faire la cuisine ❖ rester à la maison ❖ regarder un match de foot ❖ écouter de la musique

2c それぞれの国で話されている言語を言いましょう。

Indiquez quelle langue on parle dans les pays ci-dessous.

> **A :** On parle quelle langue au Canada ?

> **B :** Au Canada, on parle l'anglais et le français.

en France ❖ aux États-Unis ❖ au Portugal ❖ en Chine
en Corée ❖ en Suisse ❖ au Brésil ❖ au Maroc

3 間接目的補語人称代名詞

> 間接目的補語とは？
> Le COI, c'est quoi ?

> 動詞の後に、前置詞 « à » を介して
> 置かれた語句。

3a 間接目的補語に下線を引きましょう。

Observez les phrases et soulignez les COI.

1. Nous téléphonons **à Mélanie**.
2. J'aime **Marie**.
3. J'offre un cadeau **à Paul**.
4. Je voyage **avec Patrick**.

3b 1～3の lui, leur が何を指すか考えましょう。

À quoi correspond « lui » et « leur » ?

1
A : Tu offres un cadeau à Louise ?
B : Oui, je **lui** offre un cadeau demain. ➜ lui = _____

2
A : Vous dites « À plus. » au directeur ?
B : Non, je ne **lui** dis pas « À plus. » ➜ lui = _____

3
A : Tu écris à tes parents ?
B : Oui, je **leur** écris souvent. ➜ leur = _____

3c 以下のルールを完成させ、表を埋めましょう。

Complétez la règle ci-dessous.

> **間接目的補語人称代名詞**
> 間接目的補語の繰り返しを避けるために
> 使い、動詞の **直前・直後** に入れます。

彼に	彼女に	彼らに
lui	_____	_____

> offrir は、-er動詞と
> 同じ活用をします。

3d 下線部を代名詞に替えて答えましょう。 *Répondez en utilisant un pronom personnel.*

Ils envoient des fleurs à <u>Julie</u> ? ➜ Oui, ils **lui** envoient des fleurs.

1. Tu envoies des SMS à <u>Luc</u> ? Oui, _____.

2. Tu dis « Bonne journée. » <u>à tes amis</u> ? Non, _____.

3. Vous offrez des fleurs <u>à votre femme</u> ? Oui, _____.

4. Tu téléphones <u>à tes voisins</u> ? Oui, _____.

3e 会話を聞いて、贈るものを結びつけましょう。
Écoutez et associez.

3f プレゼントの相談を続けてください。*Continuez la conversation.*

A : Qu'est-ce qu'on offre à Marion ?
B : On **lui** offre un livre ?
A : Bof, tu as une autre idée ?
B : On **lui** offre un bouquet ?
A : Voilà une bonne idée !

ma mère •

• une table
• des fleurs
• des livres
• une montre
• un stylo
• des verres

Luc et Clémentine •

Marion

Manu   Éric et Jade   Léo   Seb   Léo et Fred

---

4 進行形（今～しているところ）

4a 進行形の文を見て、進行形の作り方を完成させましょう。
Observez et complétez le tableau.

Je <u>suis en train d'écrire</u> une lettre.
Julien <u>est en train de chercher</u> sa clé.
Nous <u>sommes en train de discuter</u>.

> **進行形の作り方**
> être en train de ＋ 動詞の **現在形・不定詞**

4b 進行形の文に書き換えましょう。
Changez en utilisant « être en train de ».

Paul danse. ➜ Paul est en train de danser.
1. Léa téléphone.
2. Nous regardons la télévision.
3. Hugo et Julie préparent le dîner.
4. Qu'est-ce que tu fais ?

4c （4人で）5分間で、次の質問に対する答えをできるだけ多く作りましょう。
Répondez à la question ci-dessous. Faites le maximum de phrases pendant 5 minutes (groupes de 4).

A : Qu'est-ce que tu fais ?
B : Je suis en train de préparer le dîner.

---

5 近接過去（～したばかり）

5a 近接過去の文を見て、近接過去の作り方を完成させましょう。
Observez les phrases et complétez le tableau.

Je <u>viens de finir</u> mon travail.
Nous <u>venons de manger</u>.
Ils <u>viennent de voir</u> Nathalie.

> **近接過去の作り方**
> venir de ＋ 動詞の **現在形・不定詞**

5b venir の活用を覚えましょう。p.118 参照
Mémorisez la conjugaison de venir.

5c 近接過去の文に書き換えましょう。
Changez en utilisant le passé récent.

Tu manges. ➜ Tu viens de manger.

1. Ils prennent le petit déjeuner.
2. Je fais les courses.
3. Tu rentres chez toi.
4. Vous arrivez.

pause café

フランスでは、どんなプレゼントが好まれるのでしょうか。
クリスマス：大人の場合、最も多いのが洋服、香水、本、商品券です。
バレンタインデー：1位が香水、2位はアクセサリー、3位は花と続き、チョコレートは4位にやっとランクインです。

5d 「これから～するか」と尋ねましょう。相手は、「～したばかりだ」と答えます。

💬 *Faites des variations selon le modèle.*

A : Tu vas travailler ?
B : Non, je viens de travailler.
A : Il va chanter ?
B : Non, il vient de chanter.

1. tu / manger
2. ils / dîner
3. vous / boire
4. tu / sortir

5. elle / arriver
6. ils / rentrer
7. vous / faire la cuisine
8 il / voir un film

---

6 発音のコツ！【r】

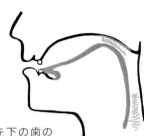

[r]は、舌の奥を
上あごに近づ
け、その隙間か
ら呼気を漏ら
して出します。

❶口は広めに開けておく

❷舌の先端部分を下の歯の
　裏に付けて離さない

❸舌の奥の方を上あごに近づけて、
　上あごをこするように声を出す [r]

[r]が音節の初めに来る場合は、舌先が下
の歯の裏から離れやすくなります。
口を大きく開けた状態から、力を抜いて
発音しましょう。

6a リピートしましょう。
Écoutez et répétez.
2-42
1. art - mare - Sarre - car
2. air - mère - serre - Caire
3. Or - mort - sort - corps

6b リピートしましょう。
Écoutez et répétez.
2-43
1. haras - para - gara
2. arrêt - parait - garé
3. haro - paro - garrot

6c 以下の語を読み、音声を聞いて確認しましょう。
Lisez et vérifiez à l'aide de l'enregistrement.
2-44
1. part   2. mère   3. lors   4. cours
5. parents 6. arrêter 7. arôme   8. arrivée
9. radio   10. Rémi   11. Rome   12. rouge

---

7 Le petit challenge

7a 以下のタイトルと説明文を結びつけましょう。
Associez les titres et les textes.

Pour un anniversaire

Pour la Fête des Mères

Pour Noël

Pour la Saint-Valentin

Pour la Fête des Grands-Mères

A
On achète ou on prépare un gâteau et on offre un cadeau.

B
On fait un dessin à sa maman ou à sa mamie. On lui écrit une lettre ou on lui offre des fleurs.

C
On offre des bijoux, des fleurs à son amoureux. On va au restaurant.

D
On s'offre des cadeaux. On mange un délicieux repas en famille.

7b 質問に答えましょう。 *Répondez aux questions.*

1. Quand est-ce qu'on dit « Joyeux Noël » ?
2. Quand est-ce qu'on dit « Bonne fête Maman » ?
3. Quand est-ce qu'on dit « Bonne fête Mamie » ?
4. Qu'est-ce qu'on dit à la Saint-Valentin ?

7c 日本ではそれぞれの機会に何をしますか。書きましょう。
Et c'est comment au Japon ? Écrivez ce qu'on fait à chaque fête.

Parler au passé 1
過去の行為や出来事を語る（1）

1 Dialogue

Léa et Maxime : Bonsoir ! Merci beaucoup pour
      ton invitation.
      Tiens, nous avons apporté du jus
      d'orange.
Jun   : Merci. C'est gentil. Vous avez
      trouvé l'appartement sans
      problème ?
Léa   : Oh, oui.
Maxime : Mmm… Ça sent bon. Qu'est-ce
      que tu as préparé ?
Jun   : J'ai fait une quiche et une salade.
Maxime : Une quiche ! J'adore ça !
Léa   : Qui est-ce que tu as invité ce soir ?
Jun   : J'ai invité Georges. Il arrive.

2-45

1a 聞こえた順に番号を振りましょう。*Retrouvez dans quel ordre les questions sont posées.*

☐ Qu'est-ce que tu as préparé ?

☐ Qui est-ce que tu as invité ce soir ?

☐ Vous avez trouvé l'appartement sans problème ?

1b 結びつけましょう。*Reliez.*

Nous avons apporté ☐ ☐une quiche et une salade.

J'ai fait   ☐ ☐ Georges.

J'ai invité   ☐ ☐du jus d'orange

2 複合過去（1）：過去の行為や出来事を語る

2a 現在形の文と、複合過去形の文を比べて、複合過去形の作り方を完成させましょう。
Comparez les phrases au présent et au passé composé puis complétez la règle du passé composé.

◆—— 現在形 ——◆ ◆—— 複合過去形 ——◆

複合過去形の作り方（1）
avoir・aller の現在形 ＋ 動詞の過去分詞

Je <u>fais</u> une quiche. → J'<u>ai fait</u> une quiche.

Qu'est-ce que tu <u>prépares</u> ? → Qu'est-ce que tu <u>as préparé</u> ?

2b parlerとfinirを参考に、faireの複合過去の活用表を仕上げましょう。
Observez et complétez.

PARLER	
j' ai parlé	nous avons parlé
tu as parlé	vous avez parlé
il a parlé	ils ont parlé

FINIR	
j' ai fini	nous avons fini
tu as fini	vous avez fini
il a fini	ils ont fini

FAIRE	
j' ai fait	nous
tu	vous
il	ils

avoir の活用を
復習しましょう

過去分詞の作り方 🐾		
-er → -é	manger → mangé travailler → travaillé	
-ir → -i	finir → fini dormir → dormi	
その他	être → été avoir → eu voir → vu vouloir → voulu pouvoir → pu	boire → bu attendre → attendu prendre → pris faire → fait offrir → offert

2c 複合過去の文に書き換えましょう。*Écrivez les phrases au passé composé.*

1. Je **donne** ces livres. _____.
2. Nous **habitons** à Lille. _____.
3. Tu **travailles**. _____.
4. Ils **aiment** ce poisson. _____.
5. Je **finis** tôt. _____.
6. Elle **choisit** ces fleurs. _____.

7. Je **fais** la cuisine. _____.
8. Nous **voulons** ces fleurs. _____.
9. Vous **prenez** le train. _____.
10. Vous **dormez**. _____.
11. Je **vois** ce film. _____.
12. Vous **offrez** ce cadeau. _____.

2d 聞こえる文が現在形か、複合過去形かチェックしましょう。

🎧 *Écoutez et cochez.*
2-46

	1	2	3	4	5	6
現在形	❏	❏	❏	❏	❏	❏
複合過去形	❏	❏	❏	❏	❏	❏

最後の母音に注意！
attention à la prononciation

現在形	複合過去形
je parle	j'ai parlé
je passe	j'ai passé
je chante	j'ai chanté
je change	j'ai changé

2e Paul が行なったことです。説明を聞いて、正しい順番を選びましょう。

🎧 *Écoutez et retrouvez l'ordre des actions de Paul.*
2-47

A 1. manger
2. voir des amis
3. finir ses devoirs
4. dormir
5. faire la cuisine

B 1. manger
2. voir des amis
3. finir ses devoirs
4. faire la cuisine
5. dormir

C 1. manger
2. faire la cuisine
3. voir des amis
4. dormir
5. finir ses devoirs

2f 複合過去の文を聞き、その動詞の不定詞を書きましょう。

🎧 *Écoutez et notez l'infinitif du verbe.*
2-48

1. _____ 2. _____ 3. _____ 4. _____ 5. _____ 6. _____

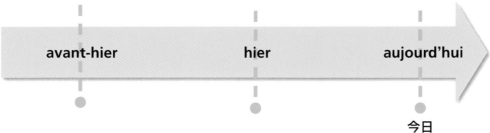

PASSÉ

avant-hier　　　　　hier　　　　　aujourd'hui

今日

jeudi matin	hier matin	ce matin
jeudi après-midi	hier après-midi	cet après-midi
jeudi soir	hier soir	ce soir

16

2-49

2g Denisがしたことを聞いて、絵に順番に番号を振り、いつ行なったか書きましょう。

Écoutez et indiquez l'ordre et quand s'est passée l'action.

___	___	**1**	___	___
		一昨日		

> **pause café**
>
> フランス人は花を贈るのが好きで、機会があるたびに花を贈ります。例えば、母の日、祖母の日、バレンタインデー、5月1日、結婚式、出産祝い、洗礼式、お見舞い、お葬式、デート、謝罪などなど。

2h ペアの相手に質問をして、Marcoの手帳を完成させましょう。

Complétez le tableau en posant des questions à votre voisin.

> A : Qu'est-ce que Marco a fait hier soir ?
> B : Il a invité ses amis à la maison.

A

	matin	après-midi	soir
mardi	manger un sandwich		regarder la télé
mercredi		prendre un café avec ses amis	
hier		déjeuner avec Lucas	
aujourd'hui	faire les courses		regarder un film

B

	matin	après-midi	soir
mardi		faire le ménage	
mercredi	voir Marie		faire la cuisine
hier		travailler avec Jean	inviter ses amis
aujourd'hui		faire ses devoirs	

2i Marcoになって、上の手帳を見ながら答えましょう。

Continuez la conversation en vous aidant des infos ci-dessus.

> A : Marco, qu'est-ce que tu as fait **mardi après-midi** ?
> B : Mardi après-midi, j'ai fait le ménage.

2j できるだけ多くのクラスメートと、自分のしたことを話しましょう。

Parlez de votre emploi du temps de la semaine à plusieurs personnes autour de vous.

> A : Qu'est-ce que tu as fait **hier soir** ?
> B : Hier soir, j'ai fait mes devoirs. Et toi ?
> A : Moi, j'ai…

3 複合過去の否定形

3a 以下の文を読んで、複合過去の否定形の作り方を完成させましょう。

Lisez les phrases et choisissez la réponse correcte.

Je n'ai pas travaillé hier.
Vous n'avez pas vu Philippe ?
Nicolas n'a pas fait les courses ce matin.

> **複合過去の否定形の作り方**
> **avoir・過去分詞** を ne…pas で挟む

3b 否定で答えましょう。

Répondez à la forme négative.

1. Tu as invité Aurélie ?
2. Vous avez écouté la radio ?
3. Luc et Anne ont dîné au restaurant ?

3c 昨日しなかったことをできるだけたくさん言いましょう。

Faites le maximum de phrases à partir du modèle.

Hier, je n'ai pas mangé de gâteau. Je n'ai pas travaillé.

76

4 発音のコツ！【tr, dr】

stuce

本来、舌先を
上の歯茎につ
けて出す [t]、
d] と、舌先を
下の歯の裏か
ら離さない
r] を連続し
て発音するコ
ツです。

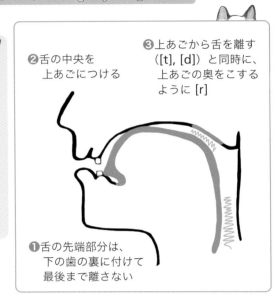

❷舌の中央を
　上あごにつける

❸上あごから舌を離す
　([t], [d]) と同時に、
　上あごの奥をこする
　ように [r]

❶舌の先端部分は、
　下の歯の裏に付けて
　最後まで離さない

4a リピートしましょう。
Écoutez et répétez.

2-50
1. quatre - être - autre - entre
2. trois - treize - très - trop - triste - trou
3. attrape - attrait - attristé - atroce

4b リピートしましょう。
Écoutez et répétez.

2-51
1. attendre - entendre - vendre - fondre
2. drap - drôle - drain - drone
3. cadré - cadrage - androïde - Hadrien

4c 以下の単語を読み、音声を聞いて確認しましょう。
Lisez et vérifiez.
2-52
1. très bien   2. trouver   3. travailler
4. dramatique 5. attendre

5 Le petit challenge

5a 読みましょう。 *Lisez le texte.*

Hier matin, j'ai eu un cours de littérature anglaise de 8 heures à 9h30. Ensuite, j'ai eu un cours d'histoire de 10h à 11h30. L'après-midi, j'ai eu un cours de statistiques de 13h à 14h30. Mes cours ont fini tôt, alors j'ai étudié à la médiathèque jusqu'à 16h30. Après, j'ai joué au foot. Le soir, j'ai dîné chez Nao. Nous avons regardé un film et nous avons beaucoup parlé. J'ai dormi chez elle.

5b 質問に答えましょう。 *Répondez aux questions.*

1. Qu'est-ce qu'elle a fait de 15h à 16h30 ?
2. Avec qui est-ce qu'elle a mangé le soir ?
3. Qu'est-ce qu'elle a fait avec Nao ?
4. Qu'est-ce qu'elle a fait le matin ?

5c 正しければV (vrai)、間違っていればF (faux)を
チェックしましょう。 *Vrai ou faux ?*

1. Elle n'a pas eu cours le soir.　　　　V / F
2. Elle a étudié à la médiathèque le matin.
　　　　　　　　　　　　　　　　　V / F
3. Elle a regardé un film avec son amie.　V / F
4. Elle a joué au foot et ensuite elle a vu
　son amie.　　　　　　　　　　　　V / F

5d 5a にならって、自分の昨日の1日を書きましょう。
Aidez-vous du texte 5a et écrivez ce que vous avez fait hier.

Parler au passé 2

過去の行為や出来事を語る (2)

1 | Messages

Léo est venu à la fête hier ?

Oui, il est arrivé tôt. 😎

Il est resté jusqu'à la fin ?

Non, il n'est pas resté longtemps.
Il est parti vers 21h.

Il n'est pas rentré ? 😨

Si, il est rentré à 5 heures
du matin. 🤯👿

Je crois qu'il est allé en boîte.
Il est sorti avec Nathan. 🤪🍾

1a 時系列に従って番号を振りましょう。
Retrouvez l'ordre des actions.
2-53

☐ Il n'est pas resté.

☐ Il est parti.

☐ Il est rentré à 5 heures.

☐ Il est arrivé tôt.

1b 動詞の不定詞 (infinitif) を見つけましょう。
Associez les verbes à leur infinitif.

est parti ☐	☐ venir
est arrivé ☐	☐ partir
est venu ☐	☐ arriver
est sorti ☐	☐ sortir

2 | 複合過去 (2)：過去の行為や出来事を語る

2a 現在形の文と、複合過去形の文を比べて、複合過去形の作り方を完成させましょう。
Comparez les phrases au présent et au passé composé puis complétez la règle du passé composé.

現在形

複合過去形

Tu vas à Paris. → Tu es allé à Paris.

Quand est-ce que Luc rentre ? → Quand est-ce que Luc est rentré ?

複合過去形の作り方 (2)
avoir・être の現在形 + 動詞の過去分詞

2b 以下の文が現在形の文か複合過去形の文か言いましょう。
Observez les phrases suivantes et précisez si elles sont au présent ou au passé composé.

1. C'est normal.
2. Je suis rentré.
3. Tu es français.
4. Il est allé à Paris.
5. Mais il est là !
6. Il est resté.

pause café

フランス人はペットが大好きで、50%の世帯がペットを飼っています。ペットとして飼われている6200万匹の生き物の内、55%が魚、20%が猫、12%が犬、そして9%が小鳥です。フランス人は愛玩用としてペットを飼いますが、子供の教育目的から飼う場合もあります。
Source: FACCO/TNS
SOFRES, Hyperassur.com

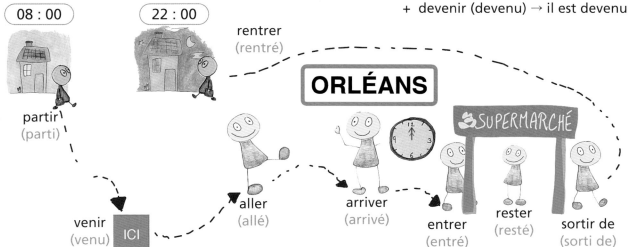

助動詞に être を使う動詞：移動を表す、若干の自動詞

+ naître (né) → il est né
+ mourir (mort) → il est mort
+ devenir (devenu) → il est devenu

2c 複合過去形の動詞に下線を引きましょう。意味を確認して、テキストを覚えましょう。
Lisez le texte, soulignez les verbes au passé, retrouvez le sens de chaque verbe. Puis mémorisez le texte.

Il est parti et il est venu ici. Ensuite, il est allé à Orléans. Il est arrivé à Orléans à midi. Il est entré dans un supermarché. Il est resté quelques minutes et il est sorti du supermarché. Il est rentré chez lui à 22 heures.

2d （　）内の動詞を複合過去形に活用させ、文を完成させましょう。*Conjuguez au passé composé.*

1. Paul _____ (aller) en France.
2. Léo _____ (rester) à la maison.
3. Philippe _____ (naître) en 2000.

être の活用を
復習しましょう

3 過去分詞の性数一致

3a 次の複合過去形の文を見て、以下のルールを完成させましょう。*Observez et complétez la règle.*

- Loïc et Ali sont allés au salon du chocolat.
- Emma est partie à 10 heures.

過去分詞の一致
助動詞に être を使う場合、過去分詞は _____ の性・数に一致する

ALLER		
je suis allé(e)	nous sommes allé(e)s
tu es allé(e)	vous êtes allé(e)(s)
il est allé	ils sont allés
elle est allée	elles sont allées

ALLER（否定形）		
je ne suis pas allé(e)	nous ne sommes pas allé(e)s
tu n' es pas allé(e)	vous n' êtes pas allé(e)(s)
il n' est pas allé	ils ne sont pas allés
elle n' est pas allée	elles ne sont pas allées

3b 2cのテキストの主語を "elle, ils, elles" に入れ替えて書きましょう。*Réécrivez le texte 2c en variant les sujets.*
Utilisez « elle, ils, elles ».

3c 結びつけましょう。*Associez.*

1. Les étudiants
2. Mathieu
3. Mon frère et moi, nous
4. Patricia et Émilie
5. Ma mère

a. est resté à la maison hier.
b. sont allés à l'université.
c. sont déjà parties ?
d. est arrivée à l'aéroport à 6 heures.
e. sommes rentrés à l'hôtel avant minuit.

3d 動詞を複合過去形に書き換えましょう。*Écrivez les phrases au passé composé.*

1. Patrick vient chez moi. _____.
2. Emmanuelle sort ce soir. _____.
3. Christelle et Alice entrent à l'école. _____.
4. Thomas et toi, vous arrivez à quelle heure ? _____.

4　時間の中で位置付ける

> lundi dernier ❖ mardi dernier ❖ mercredi dernier ❖ jeudi dernier ❖ vendredi dernier ❖
> la semaine dernière ❖ le mois dernier ❖ l'année dernière ❖
> il y a trois jours ❖ il y a une semaine ❖ il y a un mois ❖ il y a un an ❖
> en 1990 ❖ en 2006 ❖ en 2020

2-54

4a Léonard がしたことを聞いて、行った順に番号を付け、いつ行ったかを書きましょう。

Écoutez et indiquez le numéro correspondant aux images. Écrivez quand se passe l'action.

		1		
_____	_____	4年前	_____	_____

4b 上の絵を見ながら、Léonard がしたことを語りましょう。

Regardez les images ci-dessus et racontez ce que Léonard a fait.

Il est allé en France il y a quatre ans …

4c 抜けている情報をペアの相手に尋ねて、Michel Fuzo の一生を完成させましょう。

Posez des questions à votre voisin sur la vie de Michel Fuzo et complétez le tableau.

→ Il est né en quelle année ?
→ Qu'est-ce qu'il a fait en 1984 ?

année	
1960	Il est né à Besançon.
1976	
	Il est entré à l'université de Montréal.
1984	Il est rentré en France.
1985	Il est devenu journaliste.
1986	
	Il est rentré en France.
2000	Il est devenu professeur.
2010	
	Il est mort.

A

année	
	Il est né à Besançon.
1976	Il est allé au Canada à 16 ans.
1980	Il est entré à l'université de Montréal.
1984	
	Il est devenu journaliste.
1986	Il est parti à Pékin pour travailler.
1999	Il est rentré en France.
2000	
2010	Il est reparti en Chine.
2020	Il est mort.

B

5 発音のコツ！【b/v】

astuce

日本語には [b] と [v] の対立がないため、両唇をしっかり閉鎖せずに [b] を発音する傾向があります。

[b]	[v]
❶両唇をしっかり閉じる	❶上の歯を下唇の内側に軽く当てる
❷両唇を一気に離して呼気を出す	❷歯と唇の隙間から呼気を漏らす

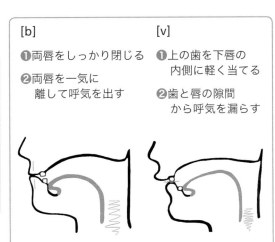

5a リピートしましょう。
Écoutez et répétez.

2-55
1. voir - vacances - éviter - au revoir - vous vivez - avec
2. boire - baccalauréat - habiter - au bout - bébé

5b 聞こえた音をチェックしましょう。
答えを確認したら、p.129 の transcription を読みましょう。
2-56
Indiquez si vous entendez [b] ou [v].

Exemple : Ça va ?

	Ex.	1	2	3	4	5
[b]	☐	☐	☐	☐	☐	☐
[v]	☑	☐	☐	☐	☐	☐

6 Le petit challenge

6a 辞書を使って、読みましょう。
Lisez le texte. Aidez-vous d'un dictionnaire.

Victor Hugo est né à Besançon le 26 février 1802. Pendant son adolescence, il a habité à Paris avec sa mère.

En 1817, à 15 ans, il a gagné deux prix littéraires. Après, il a continué à écrire et il a eu beaucoup de succès.

Il a écrit des romans comme « Notre Dame de Paris », des pièces de théâtre, des poèmes. Il a aussi écrit pour un journal. Sa fille Léopoldine est morte, alors sa vie a changé.

Il a décidé de faire de la politique. Il est devenu député en 1848, mais il a quitté la France en 1851 à cause de Napoléon III. Victor Hugo est parti sur l'île de Jersey, ensuite il est allé à Guernesey (Jersey et Guernesey sont deux îles britanniques près des côtes françaises). Là, il a écrit *Les Misérables* et des livres contre le gouvernement de Napoléon III. Napoléon III a perdu la guerre contre la Prusse et Victor Hugo est revenu en France. Il est rentré en 1870. Il a continué la politique. Il est mort en 1885.

6b 正しければ V (vrai)、間違っていれば F (faux) をチェックしましょう。*Vrai ou faux ?*

1. Victor Hugo a eu beaucoup de succès. *V / F*
2. Victor Hugo a fait de la politique. *V / F*
3. Il est revenu en France en 1860. *V / F*
4. Il a écrit « Notre Dame de Paris » à Guernesey. *V / F*

6c 答えましょう。*Répondez.*

1. Quand est-ce qu'il a gagné deux prix littéraires ?
2. Pourquoi est-ce que sa vie a changé ?
3. Où est-ce qu'il est parti en 1851 ?
4. Quand est-ce qu'il est mort ?

VICTOR HUGO

18

Parler au passé 3
過去の行為や出来事を語る (3)

1 Dialogue

Jun   : Finalement, tu es sorti avec Léa ?
Maxime : Oui.
Jun   : Un problème ?
Maxime : Non, on s'est retrouvés à l'Opéra.
          On s'est promenés un peu.
Jun   : Vous vous êtes promenés, c'est
          très bien ça.
Maxime : Et après, on est allés dîner dans un
          restaurant.
Jun   : Et …
Maxime : Et on est allés au théâtre.
Jun   : Au théâtre ? Pas au cinéma ?
Maxime : Non, au théâtre.
Jun   : Léa déteste le théâtre !
Maxime : Oui, ça j'ai compris.
Jun   : Et vous avez vu quoi ?
Maxime : La Cantatrice chauve.

2-57

1a Maxime が昨夜したことを順番に並べましょう。
Écoutez et classez les photos dans l'ordre.

A	B	C

☐	☐	☐

1b 聞こえた動詞をチェックしましょう。
Cochez les verbes que vous avez entendus dans ce dialogue.

☐ se promener   ☐ se maquiller
☐ se retrouver   ☐ faire   ☐ dîner
☐ sortir   ☐ voir   ☐ manger   ☐ aller

2 代名動詞の複合過去

2a 現在形の文と、複合過去形の文を比べて、複合過去形の作り方を完成させましょう。
Observez les phrases au présent et au passé composé puis complétez le tableau.

現在形		複合過去形
Il **se lave** à 8 heures.	→	Il **s'est lavé** à 8 heures.
Marine **se maquille** ce matin.	→	Marine **s'est maquillée** ce matin.
Ils **se couchent** tard.	→	Ils **se sont couchés** tard.

pause café

130の舞台で、週に300もの公演が行われているパリは、名実ともに演劇の中心地と言えます。上演演目は非常に幅広く、最も古典的なものから最も前衛的なものまで多岐に渡ります。もちろん子供や青少年向けの公演もあります。

代名動詞の複合過去形の作り方

1 代名動詞の複合過去形には、**avoir・être** 助動詞を使います

2 助動詞 être は、再帰代名詞と過去分詞の **あいだ・うしろ** に入れます

3 過去分詞は、主語の性数に一致します

SE LAVER

肯定形				否定形				

je	me	suis	lavé(e) [1]	je	**ne**	me	suis	**pas** lavé(e)
tu	t'	es	lavé(e) [2]	tu	**ne**	t'	es	**pas** lavé(e)
il	s'	est	lavé	il	**ne**	s'	est	**pas** lavé
elle	s'	est	lavée	elle	**ne**	s'	est	**pas** lavée
on	s'	est	lavé(e)(s) [3]	on	**ne**	s'	est	**pas** lavé(e)(s)
nous	nous	sommes	lavé(e)s [4]	nous	**ne**	nous	sommes	**pas** lavé(e)s
vous	vous	êtes	lavé(e)(s) [5]	vous	**ne**	vous	êtes	**pas** lavé(e)(s)
ils	se	sont	lavés	ils	**ne**	se	sont	**pas** lavés
elles	se	sont	lavées	elles	**ne**	se	sont	**pas** lavées

2b je, tu, on, nous, vousで、e、sが（　）に入っている理由を考えましょう。

Expliquez pourquoi il y a des parenthèses pour « je, tu, on, nous, vous » (1, 2, 3, 4, 5).

2c se réveiller, se promener, se coucher を複合過去形で活用させましょう。

Conjuguez les verbes « se réveiller, se promener, se coucher » au passé composé.

Oh là là…

2d （　）内の代名動詞を複合過去形に活用させ、文を完成させましょう。

Conjuguez les verbes au passé composé.

1. Louis _____ (se laver) ce matin.
2. Léa _____ (se coucher) à minuit hier.
3. Nous _____ (se retrouver) devant le cinéma.
4. Romain et toi, vous _____ (se réveiller) tôt ?

2e 表の時刻を使って、ペアで昨日のことを話しましょう。

 Continuez la conversation en utilisant les informations du tableau.

A Tu t'es réveillé(e) à quelle heure hier ?

B Hier, je me suis réveillé(e) à quatre heures et demie.

ACTION	A	B
se réveiller	**5 h 00**	**4 h 30**
se laver	**6 h 10**	**5 h 45**
s'habiller	**7 h 30**	**14 h 00**
se reposer	**10 h 00**	**15 h 30**
se coucher	**21 h 00**	**22 h 00**

2f 実は表の時刻は事実とは異なっています。2eで答えた時刻を否定して、本当の時刻を言ってください。

Les informations du tableau sont incorrectes. Rétablissez la vérité: Lisez le modèle et continuez la conversation en donnant les vraies informations.

En fait, je ne me suis pas réveillé(e) à 5 heures. Je me suis réveillé(e) à _____ heures.

2g Bruno と Odile のメッセージを読んで、2人が土曜日にしたことを語りましょう。

Lisez les textos de Bruno et Odile et racontez leur journée.

Ils se sont retrouvés …

On se retrouve où ? 🤔

Devant le stade. À 15 heures ?

Oui. Après le match, on se promène ?

Bonne idée ❣️

Dans le jardin des plantes 🌿 ? Et après on va au resto ?

Ok à samedi !

83

18

3 複合過去のまとめ

3a 複合過去形にするとき、avoir と être のどちらを使うでしょう。結びつけましょう。

Associez le verbe et son auxiliaire.

se promener ·
prendre ·
voir ·
partir ·
aller ·
se retrouver ·
sortir ·
dîner ·

· AVOIR

· ÊTRE

beaucoup のような副詞は、avoir と過去分詞の間に入れます。

3b 動詞を複合過去形に活用させ、文章を完成させましょう。

Conjuguez les verbes au passé composé.

Hier, Céline et Julien _____ (sortir).
Ils _____ (se retrouver) à 18 heures devant le musée. D'abord ils _____ (voir) une exposition et après, ils _____ (aller) au restaurant et ils _____ (dîner). Ils _____ (parler beaucoup) et ils _____ (rigoler beaucoup). Après le restaurant, ils _____ (se promener) dans un parc.

3c 表の語彙を使って、いつ、誰と、どこで、何をしたか複合過去形で文を書きましょう。

Faites des phrases au passé composé en utilisant les mots du tableau.

QUAND	QUOI	OÙ	AVEC QUI
en février / en juillet	aller	en France / aux États-Unis	mes amis du club
le 5 mai / le mardi 9 juin	rester	au restaurant / au musée	mon ami(e) / Paul
samedi dernier / en été	dîner	au cinéma / chez moi	mes parents / ma famille
il y a un mois / il y a 10 jours	se promener	à la plage / à la montagne	seul(e)

3d 聞いて、表を埋めましょう。*Écoutez et complétez.*

2-58

		QUAND	QUOI	OÙ	AVEC QUI
1	Julie				
2	Mélanie et Stan				
3	Simon				

3e 上の表を見ながら、ペアの相手に質問しましょう。*Posez des questions et répondez à partir du tableau 3d.*

A : Julie a fait **quoi** ?
A : Elle s'est promenée **quand** ?
A : Elle s'est promenée **avec qui** ?
A : Elle s'est promenée **où** ?

B : Elle s'est promenée.
B : Elle s'est promenée le 10 avril.
B : …
B : …

3f あなたが先週末にしたことを書き、ペアに話しましょう。

Écrivez ce que vous avez fait le week-end dernier puis racontez-le à votre voisin(e).

84

4 発音のコツ！【y】

astuce

[y]は、唇を丸めて[i]を発音する、非常に緊張した音です。

❷舌の両側を上あごに押し付け、舌の前方をグッと盛り上げて上の歯茎に近づけ、[y]

❶唇を丸める

⚠舌の形を途中で変えない

4a リピートしましょう。*Écoutez et répétez.*

2-59
1. hue - hue - hue - su - su - su - tu - tu - tu
2. Tu chutes ? 3. Tu situes ? 4. Situes-tu ?
5. Zut zut zut ?

4b 以下の文を読み、音声を聞いて確認しましょう。*Lisez et vérifiez.*

2-60
1. Tu as vu ?	5. Tu as eu ?
2. Tu as lu ?	6. Tu as voulu ?
3. Tu as pu ?	7. Tu as vendu ?
4. Tu as bu ?	8. Tu as attendu ?

5 Le petit challenge

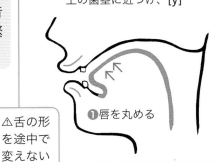

Toujours ok pour demain ?

Oui, on se retrouve où ?

Devant la pyramide à 15h.

D'accord, à demain ☀ !

Je t'embrasse 😘

Distribué

iMessage

paulafoll   + Follow

Belle promenade à Paris avec Simon🩶.

♥ 50 likes   💬 12 commentaires

RESTAURANT CHEZ PAUL
RUE COURTE
75001 PARIS
TEL : 06 78 29 52 10

N° FACTURE : 89   JEUDI 15 DÉCEMBRE
0001 DIRECTION   19 : 35
No TRANS : 15478955

❖ NOTE ❖

1 X PLAT DU JOUR	15.50	€15.50
1 X ASSIETTE FROMAGE	22.50	€22.50
2 X VERRE DE VIN	4.00	€8.00
2 X MOUSSE AU CHOCOLAT	8.00	€16.00
S/TOTAL		€62.00

LOUVRE
www.louvre.fr
MUSÉE
15 Euros
date : le 15 décembre
15:28
valable ce jour

THÉÂTRE RIVE GAUCHE
6 RUE DE LA GAITE · 75014 PARIS · TEL 01 43 35 32 31
DON JUAN
H 2
JEUDI 15 DÉCEMBRE À 20:00

5a 資料を見て、質問に答えましょう。
Répondez aux questions.

1. Paula et son ami se sont retrouvés où ?
2. Ils sont entrés dans le musée à quelle heure ?
3. Qu'est-ce qu'ils ont fait après le musée ?
4. Ils sont partis à quelle heure du restaurant ?
5. Ils ont fait quoi après le restaurant ?

5b 資料を見て、*Paula* の1日を語りましょう。
Regardez les documents ci-dessus et racontez la journée de Paula.

BILAN ③

1 動詞を現在形で活用させて文を完成させましょう。 Conjuguez les verbes au présent. ____ / 20

a. Je _____ (ne pas se laver) le matin, je _____ (se laver) le soir.

b. Il _____ (ne pas se raser) le soir, il _____ (se raser) le matin.

c. Tu _____ (ne pas se maquiller). Tu _____ (se reposer).

d. Vous _____ (ne pas se réveiller). Vous _____ (se reposer).

e. Nous _____ (ne pas s'habiller). Nous _____ (se laver).

2 正しい代名詞を選びましょう。 Choisissez le pronom correspondant. ____ / 16

a. Tu écris à Pierre ? Oui, je _____ écris. ☐ le ☐ la ☐ les ☐ lui

b. Tu écris à tes frères ? Oui, je _____ écris. ☐ les ☐ lui ☐ leur ☐ ils

c. Tu écris à tes sœurs ? Oui, je _____ écris. ☐ les ☐ leur ☐ elles ☐ la

d. Tu téléphones à ta mère ? Oui, je _____ téléphone. ☐ lui ☐ la ☐ le ☐ l'

3 過去分詞を書きましょう。 Écrivez le participe passé. ____ / 10

manger ⇒ _____   voir ⇒ _____   finir ⇒ _____   venir ⇒ _____

être ⇒ _____   avoir ⇒ _____   dormir ⇒ _____   faire ⇒ _____

pouvoir ⇒ _____   prendre ⇒ _____

4 複合過去形で活用させて文を完成させましょう。

Conjuguez au passé composé. Faites l'élision si nécessaire. ____ / 20

a. Ils _____ (donner) des fleurs.   b. Nous _____ (finir) tard.

c. Tu _____ (attendre) ta mère.   d. Je _____ (dormir) bien.

e. Nous _____ (boire) de l'eau.   f. Elles _____ (sortir).

g. Vous _____ (faire) du tennis.   h. Ils _____ (travailler).

i. Elles _____ (se lever).   j. Je _____ (arriver).

5 並べ替えて正しい文にしましょう。 Remettez les mots dans le bon ordre. ____ / 18

a. partir / il / pour / à / travailler / vient / Paris / de

⇒

b. au / ils / avec / ne / se / promener / amis / parc / vont / pas / leurs

⇒

c. les / faire / je / en / de / courses / train / suis

⇒

6 質問を考えましょう。 Trouvez la question. ____ / 16

a. _____ ?   Je suis allé à Paris.

b. _____ ?   Je suis allé à Paris hier.

c. _____ ?   J'ai fait du sport.

d. _____ ?   Je me suis promené avec Paul

EXPRIMEZ-VOUS 話してみよう！

situation 1～4を読み、それぞれのsituationに合った会話を準備し、演じましょう。

Formez des groupes. Lisez les situations 1 à 4. Imaginez un dialogue pour chaque situation et jouez-les devant vos camarades de classe.

▶ SITUATION 1

Vous voulez faire un cadeau pour votre professeur. Vous allez dans un magasin avec un camarade de classe. Vous discutez du cadeau. Vous proposez plusieurs choses. À la fin, vous décidez.

Imaginez le dialogue.

▶ SITUATION 2

Vous avez invité des amis chez vous. Vos amis sonnent à la porte. Ils vous ont apporté des cadeaux. Vous parlez du dîner et des invités.

Imaginez le dialogue.

▶ SITUATION 3

Deux anciens camarades d'école primaire se rencontrent par hasard. Ils ont aujourd'hui 45 ans. Ils se posent des questions et racontent leurs vies (études, travail, mariage, voyages, etc.)

Imaginez le dialogue.

⚠ 現在形と複合過去形の両方を使いましょう。

▶ SITUATION 4

Vous avez un cours particulier de français. Votre professeur vous pose plein de questions sur votre journée. Il est très curieux.

Imaginez le dialogue.

⚠ 複合過去形を使いましょう。

1 je conjugue, tu conjugues

① 活用を覚えましょう。*Mémorisez la conjugaison.*

LIRE					
je	lis	je	**ne** lis	**pas**	
tu	lis	tu	**ne** lis	**pas**	
il	lit	il	**ne** lit	**pas**	
nous	lisons	nous **ne** lisons **pas**			
vous	lisez	vous **ne** lisez **pas**			
ils	lisent	ils	**ne** lisent **pas**		

ÉCRIRE				
j'	écris	je	**n'écris**	**pas**
tu	écris	tu	**n'écris**	**pas**
il	écrit	il	**n'écrit**	**pas**
nous	écrivons	nous **n'écrivons pas**		
vous	écrivez	vous **n'écrivez pas**		
ils	écrivent	ils	**n'écrivent**	**pas**

⚠ relire, élire も lire と同じ活用をします。
vivre, transcrire, inscrire... も écrire と同じ活用をします。

② 活用させましょう。*Conjuguez.*

relire

je _____
tu _____
il _____
nous _____
vous _____
ils _____

③ 活用させましょう。*Conjuguez.*

vivre

je _____
tu _____
il _____
nous _____
vous _____
ils _____

④ 主語と動詞を結びつけましょう。*Associez.*

je, tu, j' •   • lisons
             • lis
nous •   • écrivez
             • lisent
il, elle •   • écris
on •   • lit
             • écrit
ils, elles •   • lisez
             • écrivent
vous •   • écrivons

⑤ 活用表を見ずに動詞を活用させましょう。*Complétez sans regarder la conjugaison.*

1. Je _____ un livre. (écrire)
2. Nous _____ le journal. (lire)
3. Ils _____ bien. (vivre)
4. Il _____ à la fac. (s'inscrire)
5. Vous _____ le maire. (élire)
6. Elle_____ ce livre. (relire)
7. Ils _____ en français. (écrire)
8. Nous _____ en Russie. (vivre)

⑥ 上の文を否定形で書きましょう。*Écrivez les phrases de l'exercice précédent à la forme négative.*

2

① 活用を覚えましょう。*Mémorisez la conjugaison.*

METTRE				
je	mets	je	**ne** mets	**pas**
tu	mets	tu	**ne** mets	**pas**
il	met	il	**ne** met	**pas**
nous	mettons	nous **ne** mettons **pas**		
vous	mettez	vous **ne** mettez **pas**		
ils	mettent	ils	**ne** mettent **pas**	

BATTRE				
je	bats	je	**ne** bats	**pas**
tu	bats	tu	**ne** bats	**pas**
il	bat	il	**ne** bat	**pas**
nous	battons	nous **ne** battons **pas**		
vous	battez	vous **ne** battez **pas**		
ils	battent	ils	**ne** battent **pas**	

⚠ se battre, combattre, se débattre も battre と同じ活用をします。

② 音声を聞いて、単数・複数を選び、文をリピートしましょう。*Écoutez, cochez & répétez.*
🎧 2-61

	Ex.	a	b	c	d	e
sing.	☑	☐	☐	☐	☐	☐
plur.	☐	☐	☐	☐	☐	☐

③ 書き取りましょう。*Écoutez et écrivez.*
🎧 2-62
1. _____
2. _____
3. _____
4. _____

④ 主語と動詞を結びつけましょう。*Associez.*

je, tu •   • battons
             • met
nous •   • mettez
             • bats
il, elle •   • mets
on •   • mettons
             • bat
ils, elles •   • mettent
             • battent
vous •   • battez

⑤ 活用表を見ずに動詞を活用させましょう。*Complétez sans regarder la conjugaison.*

1. Je _____ la table. (mettre)
2. Nous _____ du temps. (mettre)
3. Ils _____. (se battre)
4. Tu _____. (se débattre)
5. Il _____ son manteau. (mettre)
6. Vous _____ vos adversaires. (battre)
7. Nous _____. (combattre)
8. Tu _____ tes affaires ici. (mettre)

⑥ 練習⑤の文を否定形で書きましょう。*Écrivez les phrases de l'exercice précédent à la forme négative.*

⑦ ⑥の文を音読しましょう。*Lisez les phrases à haute voix.*

elle conjugue, nous conjuguons ③

1 活用を覚えましょう。 *Mémorisez la conjugaison.*

> ⚠ voir は「会う」の意味、croire は「思う」の意味もあります。

VOIR				
je	vois	je	**ne** vois	**pas**
tu	vois	tu	**ne** vois	**pas**
il	voit	il	**ne** voit	**pas**
nous	voyons	nous	**ne** voyons	**pas**
vous	voyez	vous	**ne** voyez	**pas**
ils	voient	ils	**ne** voient	**pas**

CROIRE				
je	crois	je	**ne** crois	**pas**
tu	crois	tu	**ne** crois	**pas**
il	croit	il	**ne** croit	**pas**
nous	croyons	nous	**ne** croyons	**pas**
vous	croyez	vous	**ne** croyez	**pas**
ils	croient	ils	**ne** croient	**pas**

2 音声を聞いて、単数・複数・わからないを選び、文をリピートしましょう。
🎧 2-63 *Écoutez, cochez et répétez.*

	Ex.	a	b	c	d	e
sing.	☐	☐	☐	☐	☐	☐
plur.	☐	☐	☐	☐	☐	☐
?	☑	☐	☐	☐	☐	☐

3 書き取りましょう。*Écoutez et écrivez.*
🎧 2-64

1. _____
2. _____
3. _____
4. _____

4 主語と動詞を結びつけましょう。 *Associez.*

- je, tu •
- nous •
- il, elle on •
- ils, elles •
- vous •

- • vois
- • voyez
- • voit
- • crois
- • voient
- • croient
- • croyez
- • voyons
- • croyons
- • croit

5 活用表を見ずに動詞を活用させましょう。
Complétez sans regarder la conjugaison.

1. Je _____ mes amis. (voir)
2. Nous _____ cet enfant. (croire)
3. Ils _____ souvent. (se voir)
4. Tu _____ tout. (croire)
5. Vous _____. (voir)
6. Je _____ en toi. (croire)
7. Nous _____ bientôt. (se voir)
8. Tu _____ ton frère. (voir)

6 上の文を否定形で書きましょう。 *Écrivez les phrases de l'exercice précédent à la forme négative.*

7 ⑥の文を音読しましょう。
Lisez les phrases de l'exercice 6 à haute voix.

---

④

1 活用を覚えましょう。 *Mémorisez la conjugaison.*

ENVOYER				
j'	envoie	je	**n'**envoie	**pas**
tu	envoies	tu	**n'**envoies	**pas**
il	envoie	il	**n'**envoie	**pas**
nous	envoyons	nous	**n'**envoyons	**pas**
vous	envoyez	vous	**n'**envoyez	**pas**
ils	envoient	ils	**n'**envoient	**pas**

PAYER				
je	paie	je	**ne** paie	**pas**
tu	paies	tu	**ne** paies	**pas**
il	paie	il	**ne** paie	**pas**
nous	payons	nous	**ne** payons	**pas**
vous	payez	vous	**ne** payez	**pas**
ils	paient	ils	**ne** paient	**pas**

2 音声を聞いて、単数・複数・わからないを選び、文をリピートしましょう。
🎧 2-65 *Écoutez, cochez et répétez.*

	Ex.	a	b	c	d	e
sing.	☐	☐	☐	☐	☐	☐
plur.	☑	☐	☐	☐	☐	☐
?	☐	☐	☐	☐	☐	☐

3 活用させましょう。*Conjuguez.*

renvoyer	
je	_____
tu	_____
il	_____
nous	_____
vous	_____
ils	_____

4 主語と動詞を結びつけましょう。 *Associez.*

- je, j' •
- nous •
- tu •
- il, elle on •
- ils, elles •
- vous •

- • paie
- • envoyons
- • payez
- • paient
- • envoie
- • envoies
- • paies
- • envoyez
- • payons
- • envoient

5 活用表を見ずに動詞を活用させましょう。
Complétez sans regarder la conjugaison.

1. Je _____ un message. (envoyer)
2. Nous _____ tout. (payer)
3. Ils _____ leurs dettes. (payer)
4. Tu _____ la lettre. (envoyer)
5. Elle _____ un colis. (envoyer)
6. Je _____ l'addition. (payer)
7. Ils _____ une carte. (envoyer)
8. Vous _____ vos affaires. (envoyer)

6 上の文を否定形で書きましょう。 *Écrivez les phrases de l'exercice précédent à la forme négative.*

7 ⑥の文を音読しましょう。
Lisez les phrases de l'exercice 6 à haute voix.

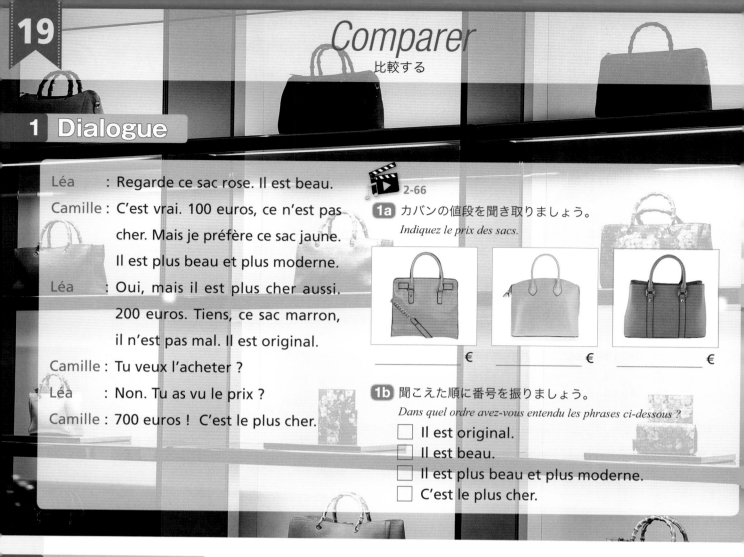

19 Comparer
比較する

1 Dialogue

Léa : Regarde ce sac rose. Il est beau.

Camille : C'est vrai. 100 euros, ce n'est pas cher. Mais je préfère ce sac jaune. Il est plus beau et plus moderne.

Léa : Oui, mais il est plus cher aussi. 200 euros. Tiens, ce sac marron, il n'est pas mal. Il est original.

Camille : Tu veux l'acheter ?

Léa : Non. Tu as vu le prix ?

Camille : 700 euros ! C'est le plus cher.

2-66

1a カバンの値段を聞き取りましょう。
Indiquez le prix des sacs.

_____ €   _____ €   _____ €

1b 聞こえた順に番号を振りましょう。
Dans quel ordre avez-vous entendu les phrases ci-dessous ?

☐ Il est original.

☐ Il est beau.

☐ Il est plus beau et plus moderne.

☐ C'est le plus cher.

2 比較級

2a 絵を観察して、下線部の意味を結びつけましょう。
Associez.

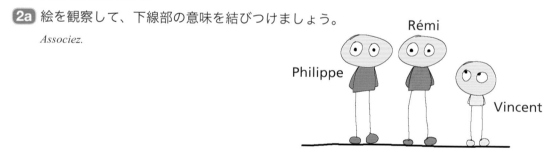

a. Rémi est <u>plus grand</u> que Vincent   •   • 1. 同じくらい大きい。

b. Vincent est <u>moins grand</u> que Rémi. •   • 2. より大きい。

c. Philippe est <u>aussi grand</u> que Rémi. •   • 3. ほど大きくない（より小さい）。

比較級の作り方
plus / moins / aussi ＋ 形容詞／副詞 ＋ （que ～）

2b 比較級の文を完成させましょう。*Complétez par un comparatif.*

Le café Opéra est plus cher que le café Royal. (€ le café Opéra > le café Royal)

(€ le café Mirabeau > le café Odéon = la cafétéria Rotonde)

形容詞は主語の性数に一致します

1. Le café Mirabeau est _____ cher _____ le café Odéon.

2. Le café Odéon est _____ cher _____ la cafétéria Rotonde.

3. La cafétéria Rotonde est _____ chère _____ le café Mirabeau.

2c 比較級の文を完成させましょう。Louis marche <u>plus</u> vite <u>que</u> moi.

Complétez par un comparatif.

比較の対象（que
の後）が代名詞の
場合、強勢形（moi,
toi, lui…）を使い
ます。Je suis plus
jeune que **toi**.

副詞は主語の性数
に一致しません。

Louis
7 km/h

Mina
5 km/h

moi
5 km/h

1. Je marche _____ vite _____ Louis.
2. Louis marche _____ vite _____ Mina.
3. Mina marche _____ vite _____ moi.

2d Alice と Jean になったつもりで、自慢しましょう。

Vous êtes Jean ou Alice. Imaginez la conversation à l'aide du tableau et du modèle ci-dessous.

	sérieux(se)	courageux(se)	calme	dynamique	sympathique	joyeux(se)	optimiste
Jean	★	★★★	★	★★★	★	★	★★★
Alice	★★★	★	★★★	★	★★★	★★★	★

Alice   Jean

Exemple :
Jean : Je suis plus courageux que toi.
Alice : Oui, mais moi, je suis plus sérieuse que toi.

2e 2d の表を使って、下の例にならって文を作りましょう。
À partir du tableau 2d faites des phrases selon l'exemple ci-dessous.

Elle est plus sérieuse que lui.

2f （3、4人で）下の例にならって、お互いに比較しましょう。
Constituez des groupes de 3 ou 4 personnes et faites des comparaisons selon le modèle ci-dessous.

Je pense que tu es plus calme que nous.

je pense que
=
〜と思います

2g レストランの評価を見て、言えることをできるだけ多く言いましょう。

Regardez le tableau et faites des variations.

Exemple : Les restaurants *Chez Paul et Chez Francis* ouvrent plus tôt que
le restaurant *Chez Laurette*.
Le restaurant *Chez Laurette* est moins cher que le restaurant *Chez Paul*.

	restaurant *Chez Paul*	restaurant *Chez Francis*	restaurant *Chez Laurette*
ouvre à	11 h	11 h	12 h
ferme à	24 h	23 h	23 h
le prix	€ € €	€ €	€
chic	★★★	★★★	★★

ouvrir plus tôt / tard.
fermer plus tôt / tard.

être **plus** / **moins** / **aussi** chic.

être **plus** / **moins** / **aussi** cher.

3 最上級

3a 例文を見て、最上級の作り方を完成させましょう。
Observez les exemples et complétez la règle.

1. Marc est **le plus joyeux** de sa classe.
2. Lise est **la plus joyeuse** de sa classe.
3. Cathy se couche **le plus tôt** de sa famille.

最上級の作り方
le, la, les + plus / moins + 形容詞 + （de 〜）　定冠詞と形容詞は主語の性数に　　一致する・一致しない
le　　　　 + plus / moins + 副詞　 + （de 〜）　定冠詞と副詞は主語の性数に　　一致する・一致しない

3b 最上級の文に書き換えましょう。
Changez les phrases en utilisant un comparatif de supériorité.

Marie est intelligente. (de sa classe)
　　→ Marie est **la plus** intelligente de sa classe.

1. Didier est beau. (de sa famille)
2. Cécilia marche vite. (de son école)
3. Louis et Emma sont dynamiques. (de la classe)

3c 音声を聞いて、表に + を書き込みましょう。
2-67　*Écoutez et complétez le tableau.*

	cours 1	cours 2	cours 3
difficile		+	
intéressant	++		
utile			+
fatigant	++		

3d 3cの表を見ながら、できるだけ多くの文を作りましょう。
Regardez le tableau 3c et faites le maximum de phrases.

Le cours 1 est le plus difficile. / Le cours 2 est le moins difficile.

4 不定詞構文

否定文は、vouloir, pouvoir, devoir を ne… pas で挟みます

Je veux partir en France.
Tu ne peux pas venir plus tôt ?
Corine doit lui téléphoner aujourd'hui.

vouloir
devoir ── + 不定詞
pouvoir

目的補語人称代名詞は不定詞の前に入れます

4a 例にならって、誘いを断りましょう。 *Faites des variations selon le modèle.*

Tu **veux** venir avec nous ?

Désolé, je ne **peux** pas. Je **dois** finir ce rapport.

finir ce rapport

faire des courses

faire la cuisine

étudier

me coucher tôt

4b 以下の質問に答えましょう。下線部は代名詞にしましょう。
Répondez. Utilisez un pronom pour les phrases 3 et 4.

1. Tu veux partir en vacances ?　→　Oui, _____
2. Les enfants peuvent sortir demain ?　→　Non, _____
3. Vous pouvez finir ce travail avant midi ?　Oui, je _____
4. Jules veut offrir un cadeau à Sophie ?　Oui, il _____

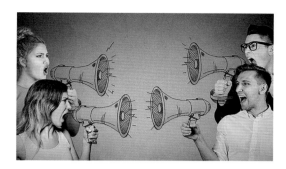

4c 意見が合わない2人の会話をしましょう。

Continuez la conversation sans être d'accord.

A : Qu'est-ce qu'on fait demain ?
B : Je veux faire du shopping.
A : Moi, je ne veux pas faire de shopping, je veux aller à …

5 発音のコツ！【e / ɛ】

astuce

[e]は、日本語の「エ」より唇を横に引き、舌の前方を上あごに近づけて出す「狭いエ」。
[ɛ]は、[e]より舌の前方を下げて出す「広いエ」です。

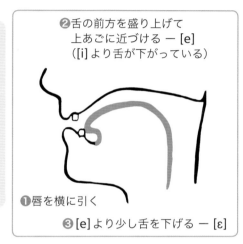

❷舌の前方を盛り上げて上あごに近づける ― [e]
（[i]より舌が下がっている）

❶唇を横に引く

❸[e]より少し舌を下げる ― [ɛ]

5a リピートしましょう。*Écoutez et répétez.*

2-68
1. et - et - et - est - est - est
2. les dés - les quais - les fées
3. elle - espèce - Est-elle - aiment-elles - Espèrent-elles ?

5b 以下の語を読み、音声を聞いて確認しましょう。

Lisez et vérifiez.

2-69

1. mes / mer	5. tes / terre
2. né / nerf	6. fée / faire
3. les / l'air	7. chez / cher
4. ses / serre	8. clé / clair

6 Le petit challenge

6a 1～10についてコメントしましょう。

Donnez votre avis sur les affirmations ci-dessous.

6b インターネットで調べ、必要なら文を修正しましょう。

Vérifiez sur Internet et corrigez si nécessaire.

1. Les Japonais roulent plus vite que les Français.

2. Les Françaises vivent plus longtemps que les Japonaises.

3. Les Françaises sont les plus minces en Europe.

4. La tour Eiffel est plus haute que la tour de Tokyo.

5. Le Shinkansen est le train le plus rapide du monde.

6. Les Français sont plus grands que les Japonais.

7. Paris est plus grand que Tokyo.

8. Les Japonais sont plus nombreux que les Français.

9. Les enfants japonais sont aussi timides que les enfants français.

10. Le japonais est plus facile que le français.

Je pense que oui.
Je pense que non.

À mon avis, c'est faux.
Je crois que c'est vrai !

1 La photo  2-70

Là, c'est Daniela. On était à une soirée étudiante.
Elle regardait Paul. Paul regardait Mina.
Mina, elle était jolie. Elle avait 20 ans, et j'aimais
bien parler avec elle. Mais elle, elle regardait
Jean. Jean, il écrivait des livres. Tout le monde
l'aimait. Ce soir-là, le ciel était magnifique. La
lune était blanche et j'étais heureux parce que
j'étais avec Mina. Mais elle, elle regardait Jean. Et
ça, je n'aimais pas.

1a テキストを見ずに音声を聞き、パーティーに参加して
いた人をチェックしましょう。*Qui a assisté à la fête ?*

☐ Daniela ☐ Chloé ☐ Mina
☐ Paul ☐ Florence ☐ Baptiste
☐ Jean

1b 正しければV (vrai)、間違っていればF (faux) を
チェックしましょう。*Vrai ou faux ?*

	V	F
1. Paul regardait Mina.	☐	☐
2. Mina regardait Daniela.	☐	☐
3. Daniela regardait Paul.	☐	☐
4. Jean regardait Mina.	☐	☐

2 半過去：過去の状態、習慣、感想を言う

半過去形の作り方

語幹	**nous** の現在形の活用から **ons** を取ったもの nous **chant**ons → **chant**		
語尾	je ___ais	nous ___ions	
	tu ___ais	vous ___iez	
	il/elle/on ___ait	ils/elles ___aient	

Quand je suis arrivé à Paris, **il faisait** beau.
Avant, **j'allais** souvent chez mes grands-parents.
Le Louvre, **c'était** magnifique !

2a 表を完成させましょう。次に各動詞を半過去形で活用させましょう。

Complétez puis conjuguez les verbes à l'imparfait.

aimer	nous **aim**ons → j'**aim**ais	aller	nous **all**ons → j' _____
finir	nous **finiss**ons → je **finiss**ais	prendre	nous **pren**ons → je _____
sortir	nous **sort**ons → je **sort**ais	faire	nous **fais**ons → je _____
avoir	nous **av**ons → j'**av**ais	vouloir	nous **voul**ons → je _____
lire	nous **lis**ons → je **lis**ais	dire	nous **dis**ons → je _____

AVOIR	
j' **av**ais	nous **av**ions
tu **av**ais	vous **av**iez
il **av**ait	ils **av**aient

ÊTRE	
j' **ét**ais	nous **ét**ions
tu **ét**ais	vous **ét**iez
il **ét**ait	ils **ét**aient

être は例外で、語幹は ét です。j'étais

2b （　）内の動詞を半過去形で活用させ、文を完成させましょう。 *Conjuguez à l'imparfait.*

1. Avant, ils _____ (aimer) faire la cuisine.

2. Hier, il y _____ (avoir) beaucoup de monde à la plage.

3. Avant, nous _____ (aller) souvent au cinéma.

4. J'ai regardé un film français. C' _____ (être) très intéressant.

2c 聞こえた2つの文が、同一か異なるかチェックしましょう。 *Écoutez et cochez la case correspondante.*
2-71

Exemple : il habite - il habit**ait**

	例	1	2	3	4	5	6
同一							
異なる	✓						

2d 聞こえた文が現在形か半過去形かチェックしましょう。 *Écoutez et cochez la case correspondante.*
2-72

Exemple : Paul <u>travaillait</u> à Lille.

	例	1	2	3	4	5	6
現在形							
半過去形	✓						

2e かつての *Benoît* について言えることを言いましょう。 *Dites comment était Benoît en 2019.*

Avant, Benoît <u>habitait</u> à Nice. Il était …

Avant (en 2019)
Nice
étudiant
beau
sportif
bronzé
sortir avec Naomi
avoir une moto Honda
aimer la nature

2f 自分が昔よくしていたことを3つ言いましょう。 *Dites trois choses que vous faisiez avant.*

Avant, je <u>sortais</u> avec Luc.

2g 感想を述べましょう。 *Dites ce que vous avez ressenti.*

A : C'était comment le musée du Louvre ?
B : C'était magnifique !

magnifique
super
beau
cool
intéressant
amusant
délicieux

l'expo Picasso

le dîner chez Georgio

le mont Fuji

ennuyeux
nul
fatigant

le concert de rock

le film de Kurosawa

le roman de Mishima

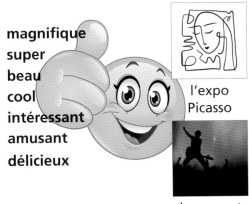

2h 最近行った場所３ヶ所について話しましょう。*Parlez de 3 lieux où vous êtes allé récemment.*

   A : Je suis allé à Disneyland.
   B : C'était comment ?
   A : C'était amusant.

2i ペアの相手に昨日のことを根掘り葉掘り聞きましょう。*Posez des questions, répondez.*

   A : Hier à 8 heures, qu'est-ce que tu faisais ?
   B : J'étais dans le train.
   A : Et à 13 heures, qu'est-ce que tu faisais ?

フランス人は、１年に平均3.3回映画館に行きます。しかし、この回数は地域によって大きく異なります。パリっ子たちは映画館で１年に平均11本の映画を観ますが、イル・ド・フランス地方以外の２万人以下の町ではたったの0.93回にとどまります。フランスには、2000の映画館に5740のスクリーンがあり、スクリーン数はヨーロッパ一を誇っています。

3 複合過去と半過去

3a 正しい答えを選びましょう。*Choisissez la bonne explication.*

Quand je <u>suis arrivé</u> à Odéon, il <u>pleuvait</u>.

過去の行為、出来事は 複合過去形・半過去形、
出来事が起きた時の状況、バックグラウンドは 複合過去形・半過去形 を使います。

3b 動詞を複合過去形または半過去形に活用させましょう。*Conjuguez au passé composé ou à l'imparfait.*

1. Quand Antoine lui_____ (téléphoner), il_____ (dormir).
2. Quand Luc et Anne _____ (rentrer), nous _____ (dîner).
3. Les enfants _____ (jouer) quand le père _____ (partir).
4. Hier à midi, qu'est-ce que vous _____ (faire) ?

3c 聞こえた時制をチェックしましょう。
Écoutez cochez la case correspondante.

	例	1	2	3	4	5	6	7	8
présent	☐	☐	☐	☐	☐	☐	☐	☐	☐
imparfait	☑	☐	☐	☐	☐	☐	☐	☐	☐
passé composé	☐	☐	☐	☐	☐	☐	☐	☐	☐

Exemple : J'habitais.

3d M. Latour の証言を聞いて、刑事の手帳を埋めましょう。
Écoutez puis complétez le tableau.

	Quoi ?	Où	À quelle heure ?
le matin			
l'après-midi			
le soir			

3e どうやらM. Latourは嘘をついていたようです。Document 2を見て、事実を説明しましょう。
M. Latour a menti. Regardez le document 2 et expliquez.

Doc 2

Salle 01 ★★★
Cinéma le Rex
MARSEILLE

film : les Monstres
17.00 €

le 23 novembre
15:35

123456789012

4 発音のコツ！【ø / œ】

astuce

[ø] は、[e] を発音しながら唇を前に長く突き出して発音します。唇と舌の前方で細長い筒を作るのがコツです。

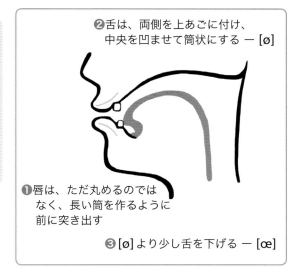

❷ 舌は、両側を上あごに付け、中央を凹ませて筒状にする — [ø]

❶ 唇は、ただ丸めるのではなく、長い筒を作るように前に突き出す

❸ [ø] より少し舌を下げる — [œ]

4a リピートしましょう。
Écoutez et répétez.
2-75

1. ses - ceux - sœur
2. quai - queue - cœur
3. les - le - l'heure

4b 以下の語を読んで、音声を聞いて確認しましょう。
2-76 *Lisez et vérifiez.*

1. ceux - sœur
2. peu - peur
3. queue - cœur
4. eux - heure
5. nœud - neuf
6. des bœufs - un bœuf

5 Le petit challenge

5a 辞書を使って詩の意味を調べましょう。 *Cherchez le sens de ce poème à l'aide d'un dictionnaire.*

5b 半過去形の動詞に下線を引き、なぜ半過去形を使っているのか考えましょう。
Soulignez le verbe à l'imparfait. Qu'exprime cet imparfait ?

5c 1) （3, 4人で）この詩を表現する絵を描くか、写真を撮りましょう。
Formez des groupes et faites des dessins ou prenez des photos pour illustrer le poème.

2) 描いた絵や写真を見ながらこの詩を暗唱しましょう。
Récitez ce poème à l'aide de vos photos, de vos dessins.

Déjeuner du matin

Il a mis le café

Dans la tasse

Il a mis le lait

Dans la tasse de café

Il a mis le sucre

Dans le café au lait

Avec la petite cuiller

Il a tourné

Il a bu le café au lait

Et il a reposé la tasse

Sans me parler

Il a allumé

Une cigarette

Il a fait des ronds

Avec la fumée

Il a mis les cendres

Dans le cendrier

Sans me parler

Sans me regarder

Il s'est levé

Il a mis

Son chapeau sur sa tête

Il a mis son manteau de pluie

Parce qu'il pleuvait

Et il est parti

Sous la pluie

Sans une parole

Sans me regarder

Et moi j'ai pris

Ma tête dans ma main

Et j'ai pleuré

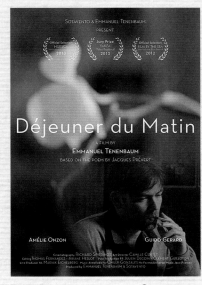

Sotavento

Jacques Prévert

21 Parler de ses loisirs

スポーツ、楽器、休暇中の活動について語る

1 Dialogue

Maxime : Léa, tu fais quoi à Noël ?

Léa : Je vais à Strasbourg chez mon oncle.

Maxime : Tu vas au marché de Noël ?

Léa : Bien sûr ! Et après, je pars une semaine à la montagne.

Maxime : Génial ! Tu vas faire du ski ?

Léa : Oui, et je vais faire du snowboard.

Maxime : Cool ! Tu y vas avec tes parents ?

Léa : Non, j'y vais avec Thomas.

Maxime : Avec Thomas ?

Léa : Et toi ? Tu fais quoi à Noël ?

Maxime : Moi, je vais à Nice.

Léa : Tu vas à la mer en hiver ? C'est original.

Maxime : Ma famille est de Nice. Et puis, tu sais, en hiver aussi, Nice est très agréable. On se promène sur la plage, on regarde la mer, on se repose… Moi, par exemple, je fais du jogging et je fais aussi du tennis.

Léa : Super !

 3-01

1a 結びつけましょう。

Reliez.

Léa va • • à la montagne

Maxime va • • à la mer

1b それぞれがすることを書きましょう。

Complétez le tableau par les loisirs correspondants.

Léa	Maxime	on
faire du ski		

faire du camping
faire du jogging
faire du tennis
bronzer
faire du ski
faire du snowboard
se reposer
se promener

pause café

フランスには、特に12月に人を惹きつける街が2つあります。ヨーロッパ最古で、最大規模のクリスマスマーケットの一つが立つストラスブール。そして、多くの観光客が訪れる、光の祭典が開催されるリヨンです。

2 スポーツ、楽器

（スポーツを）する
faire du 〜 / faire de la 〜

Faire の活用を復習しましょう

ネット検索のキーワード

marché Noël Strasbourg

fête lumières Lyon

 3-02

2a 音声を聞いて、下線部に季節と du, de la のいずれかを入れましょう。

Écoutez et complétez. Utilisez les mots de la liste.

1. _____, je fais _____ natation.

2. _____, mes amis font _____ tennis.

3. _____, Louise fait _____ danse.

4. _____, nous faisons _____ ski.

le printemps / au printemps   l'été / en été

 l'automne / en automne   l'hiver / en hiver

98

4 発音のコツ！【ɛ̃】

astuce

口を広めに開けて出す [ɛ] を発音しながら、呼気を鼻にも通して出す鼻母音です。縁日、鉛筆、宴会の「エン」[ɛn, ɛm, ɛŋ] のように「ン」の音を出さず、最後まで同じ音色を保ちましょう。

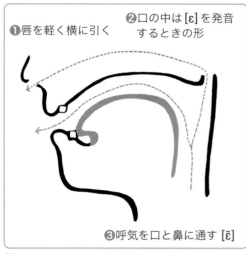

❶唇を軽く横に引く
❷口の中は [ɛ] を発音するときの形
❸呼気を口と鼻に通す [ɛ̃]

最後まで、呼気の通り道を狭めたり、ふさいだりしない

4a リピートしましょう。 *Écoutez et répétez.*
3-06
1. ai - ai - ai - in - in - in
2. naît – nain
3. sais – saint
4. mais – main
5. tait – teint
6. fait - faim

4b 以下の語を読み、音声を聞いて確認しましょう。 *Lisez et vérifiez.*
3-07
1. vais - vin - le vin
2. baie - bain - le bain
3. paix - pain - le pain
4. laid - lin - le lin
5. mais - main - la main
6. fait - fin - la fin

5 Le petit challenge

5a Nao からのハガキを読みましょう。 *Lisez la carte postale.*

Un petit coucou de la plage !

Coucou Lucie !
Tu vas bien ?
Je suis à Nice depuis une semaine. Il fait très beau.
Je vais à la plage tous les jours, je fais du jogging…
C'est très agréable.
À bientôt !
Nao

Lucie Gaillard
10 rue du Temple
37 000 Tours
FRANCE

5b 下の写真を参考に、友人にハガキを書きましょう。 *Écrivez une carte postale à un(e) ami(e). Inspirez-vous des images ci-dessous.*

Sapporo

Parler de la santé

身体の状態を伝える、アドバイスを与える

1 Dialogue

1a 本を閉じて、ビデオを見て、聞き取れた単語をメモしましょう。*Livre fermé, regardez la vidéo et prenez des notes.*

3-08

le médecin : Qu'est-ce que vous avez ?

le patient : J'ai mal à la tête et j'ai de la fièvre.

le médecin : Ouvrez la bouche... Ah, votre gorge est enflammée.

le patient : Ah, oui, j'ai mal à la gorge aussi.

le médecin : Vous fumez ?

le patient : Un peu... deux cigarettes par jour.

le médecin : Eh bien, vous devriez arrêter ! Vous avez mal au ventre ?

le patient : Non, je n'ai pas mal au ventre.

le médecin : C'est un rhume. Vous allez prendre des médicaments trois fois par jour, pendant 5 jours.

1b 正しいものを選びましょう。
Cochez les cases correspondantes.

1. Le patient a mal où ?

Il a mal ... ❑ à la gorge
❑ à la tête
❑ au ventre
❑ aux jambes

2. Le patient va prendre des médicaments ...
❑ une fois par jour
❑ deux fois par jour
❑ trois fois par jour

3. Le médecin dit « vous devriez...
❑ fumer
❑ arrêter
❑ avoir de la fièvre

2 身体の状態を伝える

2a 身体語彙を身体の部位と結びつけましょう。
Reliez les mots à la partie du corps correspondante.

le bras　　les yeux
　　　la tête
　　la bouche
　　la gorge
le ventre
　　le dos
　　la main
　　la jambe
le pied

（身体の部位が）痛い

avoir mal à ～

→ J'ai mal à la tête.
→ Vous avez mal au dos ?
→ Ils ont mal aux yeux.

à la	tête gorge bouche jambe main

avoir mal — au — pied dos bras ventre

aux — pieds bras yeux jambes mains

2b ペアの相手に痛いところを伝えましょう。
Dites où vous avez mal.

Aïe, aïe, j'ai mal au dos.
（背中を指し示しながら）

102

2c 痛くなった原因を言いましょう。

Dites pourquoi vous avez mal.

A : J'ai mal aux jambes.
B : Pourquoi ?
A : J'ai trop marché hier.

原因

J'ai trop bu. 　J'ai trop mangé. 　J'ai trop travaillé. 　J'ai mal dormi.

 Je suis fatigué.　 J'ai un rhume.　 J'ai la grippe.　 J'ai fait du tennis pendant 3 heures.

2d それぞれが痛いところと、その原因を聞き取りましょう。

Écoutez et notez où ils ont mal ainsi que les causes.
3-09

例 Mélanie	Clément	Lucien	Christelle	Laurence
mal aux yeux				
ordinateur				

2e 例にならって、**2d**の表を参考に会話を続けましょう。

Continuez à poser des questions et à répondre selon le modèle.

A : Quel est le problème de Mélanie ?
B : Elle a mal au yeux.
A : **Pourquoi** ?
B : **Parce qu'**elle a travaillé avec son ordinateur pendant 8 heures.

Quel est le problème de | Clément ? Pourquoi ?
　　　　　　　　　　　　　| Lucien ?　Pourquoi ?
　　　　　　　　　　　　　| Christelle ? Pourquoi ?
　　　　　　　　　　　　　| Laurence ? Pourquoi ?

pause café

フランス人は自分たちの健康保険制度に誇りを持っています。社会保障のおかげで全ての人が手頃な費用で質の高い治療を受けられます。国民皆保険により、最も貧しい人でも、そしてたとえ社会保障費を払っていない場合でも、無料で治療が受けられます。

3 アドバイスを与える

3a 以下の文を訳しましょう。

Traduisez les phrases.

> devrais, devriez は、devoir の条件法現在形です。条件法は婉曲に言う時に使います。

アドバイスを与える
tu devrais / vous devriez ＋ 動詞の不定詞
---

1. Vous devriez arrêter de fumer.
2. Vous devriez vous coucher plus tôt.
3. Tu devrais prendre des médicaments.
4. Tu devrais aller chez le médecin.

3b 友人が健康問題で悩んでいます。下線部の動詞を入れ替えて、できるだけ多くのアドバイスをしてあげましょう。

Votre ami a des problèmes de santé. Utilisez les modèles ci-dessous et donnez le maximum de conseils.

1. Tu devrais ___dormir___ plus.
2. Tu devrais ___travailler___ moins.

もっと
動詞 ＋ plus / moins

3c 友人は食生活が乱れているようです。健康に良い食生活のアドバイスを5つ書きましょう。

Votre ami s'alimente mal. Écrivez cinq conseils pour qu'il recouvre la santé.

1. Tu devrais manger plus de ___carottes___ .
2. Tu devrais manger moins de ___gâteaux___ .

もっと
plus de / moins de ＋ 名詞

3d （4人のグループで）元気のない友人にアドバイスをあげましょう。

Formez des groupes de 4. Donnez des conseils à votre ami sans énergie.

A : Qu'est-ce que tu as ? Tu as l'air fatigué.
B : Je ne me sens pas bien.
A : Tu devrais te reposer.
C : Tu devrais …

je me sens mal
je me sens bien
tu as l'air fatigué
tu as l'air en forme

 1  2  3  4

 5  6  7  8

4 期間と頻度

4a 質問を読み、答えましょう。

Lisez les questions et répondez.

avant
le repas
après

1. Qu'est-ce qu'on fait **avant** le repas en général ?
2. Qu'est-ce qu'on fait **après** le repas en général ?

4b 4a にならって、ペアの相手に質問をしましょう。

Posez des questions comme dans l'exercice précédent puis répondez.

le cours	le test
le rendez-vous	les vacances

4c 例にならって言い換えましょう。 *Transformez selon le modèle.*

pendant

J'ai fait du tennis en 2017, 2018 et 2019. → J'ai fait du tennis pendant 3 ans.
Je dors de 23 heures à 6 heures. → Je dors pendant 7 heures.

1. Je joue du piano de 14 h à 16 h. → _____
2. Je vais en France de juin à septembre. → _____
3. Simon a travaillé chez Hermès de 1990 à 2010. → _____

4d 薬を飲む時と頻度、期間を聞き取りましょう。

3-10

Écoutez et complétez.

Exemple : Vous prenez ces médicaments **trois fois par jour, avant les repas, pendant trois jours.**

	combien de fois	quand	pendant combien de temps
exemple	3 fois par jour	avant les repas	3 jours
1			
2			
3			
4			

5 発音のコツ！【ɔ̃】

astuce

[o]を発音しながら、呼気を鼻にも通して出す鼻母音です。女、おんぶ、音楽の「オン」[on, om, oŋ]のように、「ン」の音を出さず、最後まで同じ音色を保ちましょう。

❷口の中は [o] を発音するときの形

❶唇を丸める

❸呼気を口と鼻に通す [ɔ̃]

最後まで、呼気の通り道を狭めたり、ふさいだりしない

5a リピートしましょう。
Écoutez et répétez.

3-11
1. eau eau eau - on on on
2. dos dos dos - don don don
3. seau seau seau - son son son
4. nos nos nos - nom nom nom

5b 以下の語を読み、音声を聞いて確認しましょう。*Lisez et vérifiez.*

3-12
1. son – sonne　　2. don – donne
3. ton – tonne　　4. non – nonne

5c 聞こえた音をチェックしましょう。答えを確認したら、p.131の transcription を読みましょう。
Écoutez et cochez la case correspondante.

Exemple : C'est long.

	Ex.	1	2	3	4	5	6
on[ɔ̃]	☑	☐	☐	☐	☐	☐	☐
onne[ɔn]	☐	☐	☐	☐	☐	☐	☐

6 Le petit challenge

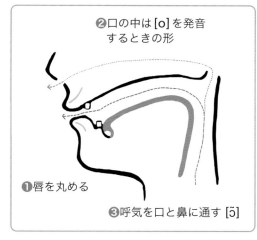

1/2

_____ % des Français font du sport régulièrement

6a 下線部に以下の数値を入れましょう。
Essayez de compléter les phrases par les chiffres ci-dessous.

33　**25**　**8**　**0,725**　**42**　**48**

6b フランス人の数値を見て、コメントしましょう。
Commentez les habitudes des Français.

6c フランス人にどのようなアドバイスを与えますか。
Quels conseils donneriez-vous aux Français ?

Un Français consomme _____ kg de fromage par an.

Un Français consomme en moyenne[1] _____ kilo de viande par semaine.

Un Français consomme _____ litres de vin par an.

Un Français consomme _____ kg de beurre par an.

1/3

_____ % des Français fument.
28 % des Françaises fument.

Je pense que …
c'est beaucoup !
c'est trop !
c'est beaucoup trop !

---

1 : 平均で

Source : CNDS/Direction des Sports, INSEP, MEOS

Inviter

誘う、約束をする、頼みごとをする

1 Dialogue

3-14

Maxime : Tu es libre dimanche ?

Léa : Pourquoi ?

Maxime : Ça te dit d'aller au musée ?
Il y a une exposition sur Picasso.

Léa : Une exposition sur Picasso,
pourquoi pas ?
À quelle heure ?

Maxime : À 16 heures.

Léa : On se retrouve où ?

Maxime : On se retrouve devant le musée ?
Et après le musée, on va dîner
ensemble ?

Léa : C'est une bonne idée. Je connais
un bon restaurant italien.

1a 正しい答えを選びましょう。

Cochez la réponse correspondante.

1. Ils vont sortir …
   ☐ samedi ☐ dimanche ☐ lundi

2. Ils vont voir …
   ☐ un film ☐ un match ☐ une exposition

3. Ils vont se retrouver …
   ☐ au restau ☐ devant le musée ☐ à la gare

4. Ils vont dîner dans un restaurant …
   ☐ italien ☐ vietnamien ☐ mexicain

1b 聞こえた順に番号を振りましょう。

Dans quel ordre avez-vous entendu ces phrases.

☐ On se retrouve où ?

☐ Ça te dit d'aller au musée ?

☐ On va dîner ensemble ?

☐ Tu es libre dimanche ?

pause café

国立の美術館や博物館の常設展への入場は、EU加盟国（２８カ国）出身の２６歳未満の若者ならすべて無料です。そのうえ、学生は映画館、美術館、劇場、そして公共交通機関で割引が受けられます。

2 誘う

3-15

2a 会話と写真を結び付けましょう。

Écoutez et associez les dialogues aux images.

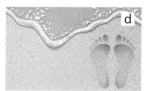

_____ _____ _____ _____

2b 2a の会話を聞いて、誘いの表現に下線を引きましょう。

Écoutez les dialogues 2a et soulignez les expressions pour proposer / inviter.

1. Ça te dit de voir une exposition demain ?
2. On pourrait aller au cinéma ce soir.
3. Je vais voir un match de foot dimanche. Vous venez avec moi ?
4. Tu es libre demain ? On va à la mer ensemble ?

aller au cinéma · aller au musée · aller au théâtre · aller au stade

aller au concert de rock · aller au parc zoologique · aller à la mer · aller au karaoké

Ça vous / te dit de + 不定詞
On pourrait + 不定詞

承諾する
C'est une bonne idée.
Avec plaisir.
Pourquoi pas.

断る
Désolé(e), mais je suis pris(e).
Désolé(e), je ne peux pas.
Je n'aime pas beaucoup le foot.

2c 会話を聞いて、誘っている内容/場所、承諾しているか否かを書きましょう。
3-16 *Écoutez et notez le lieu et si l'invitation est acceptée ou non.*

	où / quoi	accepter / refuser
dialogue 1		
dialogue 2		
dialogue 3		
dialogue 4		

2d 1. 例にならって **Ça vous dit de / Ça te dit de** を使って友人を誘いましょう。すべての誘いを承諾してください。 *Proposez des sorties, votre ami accepte toutes les invitations.*

2. 今度はすべての誘いを断ってください。
Proposez les mêmes sorties, votre ami refuse toutes les invitations.
Utilisez VOUS et TU.

vous で話す相手には
Ça vous dit de …
tu で話す相手には
Ça te dit de …
を使います

Ex.
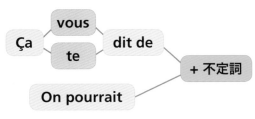
1 2 3 4 5

Exemple :
A : **Ça vous / te dit d'**aller au concert de jazz ce soir ?
B : Avec plaisir.
A : **Ça vous / te dit d'**aller au concert de jazz ce soir ?
B : Désolé(e), mais je suis pris(e) ce soir.

2e **On pourrait** を使って友人を誘い、待ち合わせ場所を決めましょう。
Proposez des sorties, acceptez les invitations.

A : On pourrait aller **au parc zoologique** dimanche.
B : C'est une bonne idée. On se retrouve où ?
A : On se retrouve **devant le parc zoologique**.

devant le musée, devant le cinéma, devant le stade, devant le théâtre, devant le parc, à la gare, au café

2f 会話を聞いて、リストから適切な表現を選んで、下線部を埋めましょう。

Complétez le dialogue ci-dessous.

🎧 3-17

> À quelle heure ?　On se retrouve où ?　C'est quand ?　Tu viens avec moi ?

A : Je vais voir un match de foot. _____ ?

B : J'aime bien le foot. _____ ?

A : Samedi.

B : _____ ?

A : À 18 heures.

B : Ok, _____ ?

A : On se retrouve devant le stade.

B : À samedi alors.

A : À samedi.

2g ペアの相手を誘う会話を書き、演じましょう。

Par groupes de deux, écrivez des dialogues dans lesquels vous proposez une sortie, ensuite jouez les dialogues.

un match de basket	une exposition	le Boléro de Ravel
vendredi soir	dimanche	samedi
21 heures	15 heures	19h30
devant le stade	devant le musée	devant l'opéra
a	b	c

3 　丁寧に頼む

Tu pourrais

Vous pourriez

+ 不定詞 + ?

> tu pourrais, vous pourriez は、pouvoir の条件法現在形です。丁寧な依頼を表します。

Tu pourrais faire la cuisine ce soir ?

Vous pourriez faire une photocopie, s'il vous plaît ?

3a 以下の命令文を丁寧な依頼に書き換えましょう。

Transformez les phrases selon l'exemple.

Ex. Fermez la porte, s'il vous plaît !

→ Vous pourriez fermer la porte, s'il vous plaît ?

1. Venez plus tôt demain matin !
2. Prête ton vélo à Jean !
3. Achète une baguette et un croissant !
4. Réservez cet hôtel !

3b 音声を聞いて、何を依頼しているか書きましょう。

🎧 3-18

Écoutez et écrivez l'objet de la demande.

依頼内容

1. _____
2. _____
3. _____
4. _____

3c フランス語に訳しましょう。

Traduisez en français les phrases suivantes.

1. ドアを閉めていただけますか。　　　　　→ _____
2. 土曜の夜コンサートに行くのってどうかな。→ _____
3. 一緒に晩御飯食べる？　　　　　　　　　→ _____
4. すみません、私達は明日予定があります。→ _____

4 発音のコツ！【ã】

astuce

[ɔ̃] = on
[ã] = an

[ã]は、[ɔ̃]より口を少し広めに開けて出す鼻母音です。最もフランス語らしい音の1つです。

❶[ɔ̃]を発音する準備をしてから、口を少し縦に開ける

❷唇は前に出し、縦長にする

❸呼気を口と鼻に通す [ã]

途中で舌の奥を上あごにつけて［アン］にしない

4a リピートしましょう。
Écoutez et répétez.

3-19
1. on on on - an an an
2. dont dont dont - dans dans dans
3. son son son - sans sans sans
4. long long long - lent lent lent

4b 以下の語句を読み、音声を聞いて確認しましょう。*Lisez et vérifiez.*

3-20
1. c'est long - c'est lent
2. son problème - sans problème
3. c'est un pont - c'est un paon
4. Il est blond - Il est blanc

4c 聞こえた音をチェックしましょう。答えを確認したら、p. 129 の transcription を読みましょう。*Indiquez si vous entendez [ɔ̃] ou [ã].*

3-21

Exemple : Il est blond.

	Ex.	1	2	3	4	5	6
on[ɔ̃]	☑	☐	☐	☐	☐	☐	☐
an[ã]	☐	☐	☐	☐	☐	☐	☐

5 Le petit challenge

指示を読み、会話を書いて演じましょう。
Lisez les consignes ci-dessous, écrivez les dialogues et les messages correspondants puis jouez-les.

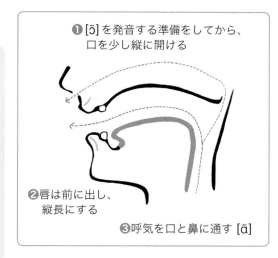

1
Vous rencontrez un ami dans la rue. Vous vous saluez.
Vous lui proposez d'aller voir un match de foot samedi.

2
Il refuse, il explique pourquoi. Il vous propose d'aller voir un film au cinéma ce soir.

3
Vous demandez quel film.
Vous demandez à quelle heure le film commence. Vous demandez où vous vous retrouvez.

4
Vous arrivez au rendez-vous. Votre ami n'est pas là. Vous recevez le message suivant.

Désolé, je suis en retard. 😇 J'arrive dans 10 minutes. 🙏

5
Vous répondez au message.

6
Votre ami arrive au rendez-vous.
Vous lui proposez d'aller boire un verre après le film.
Il accepte.

Réserver

願望を伝える、予約する、交通手段

1 Dialogue

le réceptionniste :	Hôtel Beauséjour, bonjour. 3-22
le client :	Bonjour, je voudrais réserver une chambre.
le réceptionniste :	Pour quand ?
le client :	Du 11 au 14 janvier.
le réceptionniste :	Pour combien de personnes ?
le client :	Pour deux personnes.
le réceptionniste :	Avec baignoire ou avec douche ?
le client :	Avec baignoire. J'arrive en voiture. Vous avez un parking ?
le réceptionniste :	Oui, nous avons un parking au sous-sol. C'est à quel nom ?
le client :	Dupuis, D.U.P.U.I.S.
le réceptionniste :	Merci monsieur.

1a この電話の目的は何ですか。
Pourquoi téléphone-t-on ?

1b 正しい答えを選びましょう。
Cochez les réponses correspondantes.

1. **L'hôtel s'appelle**
☐ Beauséjour ☐ Bonjour ☐ Beaufort

2. **Le client veut réserver une chambre**
☐ du 13 au 16 novembre
☐ du 4 au 11 janvier
☐ du 11 au 14 janvier

3. **Il veut une chambre pour**
☐ une ☐ deux ☐ trois personnes

4. **Il s'appelle**
☐ Dupuis ☐ Dupuy ☐ Dufy

2 婉曲に願望を伝える

Je voudrais	
J'aimerais	+ 不定詞 / + 名詞

je voudrais は、vouloir の、j'aimerais は、aimer の条件法現在形です。婉曲な願望を表現します。

名詞が続く場合は、一般的に je voudrais を使います。
Je voudrais un sandwich.

Je voudrais une chambre.
Je voudrais réserver une chambre.
J'aimerais réserver une chambre.

パリっ子たちは食事の最後にcafé gourmandを好んで注文します。café gourmandとは、文字通り食いしん坊たちのためのカフェで、10ユーロほどで、エスプレッソに3種類の小さなお菓子がついてきます。ミニ・シュークリーム、ミニ・フォンダンオショコラ、ミニ・クレームブリュレ、アイスなど、お店によって内容が異なります。

2a 今週末行きたいところ、したいことを言いましょう。
Dites où vous voudriez aller ce week-end. Qu'est-ce que vous aimeriez faire ?

A : **Je voudrais** aller à Shibuya et je voudrais acheter un T-shirt.
B : Moi, **j'aimerais** aller au cinéma et voir un film français.

2b パン屋で注文をしましょう。

💬 *Passez des commandes dans une boulangerie-pâtisserie.*

> **A** : Je voudrais un croissant et deux choux à la crème, s'il vous plaît.
> **B** : Voilà.

un chou à la crème

un gâteau au chocolat

une tarte aux fraises

un macaron

un millefeuille

un éclair au chocolat

un croissant

un pain au chocolat

3 予約する

3a レストランの予約の会話を聞いて、下線部を埋めましょう。

🎧 *Complétez le dialogue ci-dessous.*
3-23

À quelle heure
je voudrais réserver
C'est pour quand
C'est à quel nom
Pour combien de personnes

> **A** : Allô ? Restaurant Chez Romain, bonjour.
> **B** : Bonjour, _____une table.
> **A** : _____ ?
> **B** : Demain soir.
> **A** : _____ ?
> **B** : À 20 heures.
> **A** : _____ ?
> **B** : 4 personnes.
> **A** : _____ ?
> **B** : Martin.
> **A** : C'est noté. Merci monsieur.

3b お客さんの電話を聞いて、表を埋めましょう。

🎧 *Écoutez et complétez.*
3-24

	Quand ?	À quelle heure ?	Pour combien de personnes ?
1			
2			
3			

3c 3a を参考に、ペアでレストランの予約をしましょう。

💬 *Jouez le dialogue puis faites des variations.*

samedi	dimanche soir	ce soir
19h30	20h	20h30
3 personnes	7 personnes	2 personnes
Dupont	Rami	Faivre

3d ペアで行きたいレストランを決め、予約する会話を書きましょう。続いて演じましょう。

💬 *Vous voulez réserver une table au restaurant. Écrivez le dialogue à deux, puis jouez le dialogue.*

3e 例にならって、フランス語で書きましょう。

Transformez selon le modèle.

2月4日～3月10日

C'est de quand à quand ?

C'est du 4 février au 10 mars.

a. 5月 7日～ 6月20日
b. 7月 9日～ 8月 1日
c. 9月 3日～11月21日
d. 12月25日～ 1月15日

3f インターネットで調べて、答えましょう。

Répondez aux questions. Aidez-vous d'Internet.

1. **Le Festival de Cannes**, c'est quand ?
2. **La Mostra de Venise**, c'est quand ?
3. **Les Francofolies de la Rochelle**, c'est quand ?
4. **Le festival des Vieilles Charrues**, c'est quand ?

3g 下線部を入れ替えて、ホテルの予約をしてください。

Lisez le dialogue puis faites des variations.

A : Je voudrais réserver <u>une chambre</u>.
B : C'est pour quand ?
A : <u>Du 2 au 6 février.</u>
B : Pour combien de personnes ?
A : Pour <u>deux personnes</u>.
B : C'est à quel nom ?
A : <u>Kléber. K.L.É.B.E.R.</u>

| 1 chambre |
| 2 février ～ 6 février |
| 2 personnes |
| Kléber |

| 1 chambre |
| 1er mars ～ 15 mars |
| 1 personne |
| Lopez |

| 2 chambres |
| 31 décembre ～ 4 janvier |
| 4 personnes |
| Martin |

| 1 chambre |
| 1er août ～ 4 août |
| 2 personnes |
| Bernard |

4 交通手段

4a リピートしましょう。

Répétez.

3-25

en voiture   en avion   en train   en bus   en métro   à vélo   à pied

4b 行き先と交通手段を聞き取りましょう。

Écoutez et complétez.

3-26

	où	moyen de transport
1		
2		
3		
4		

4c 行き先を入れ替えて会話をしましょう。

Changez la destination et continuez le dialogue.

la gare ❖ le cinéma ❖ l'université ❖ l'hôpital ❖ Disneyland ❖ Hiroshima ❖ Paris

A : Je vais <u>au supermarché</u>.
B : Tu y vas comment ?
A : J'y vais <u>en voiture</u>. Ça prend <u>5 minutes</u>.

comment は、方法を尋ねるときに使います。

5 発音のコツ！【u】

astuce

[u]は、唇を丸め、舌を奥に引くことによって、口の前方に球状の空間を作って響かせるのがコツです。

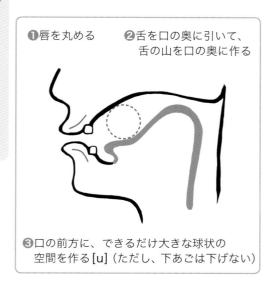

❶唇を丸める

❷舌を口の奥に引いて、舌の山を口の奥に作る

❸口の前方に、できるだけ大きな球状の空間を作る [u]（ただし、下あごは下げない）

5a リピートしましょう。*Écoutez et répétez.*

3-27
1. deux deux - doux !
2. ceux ceux - sous !
3. queue queue - coup !
4. vœu vœu - vous !

5b 以下の語句を読み、音声を聞いて確認しましょう。*Lisez et vérifiez.*

3-28
1. un feu - un fou
2. un peu - un pou
3. deux ans - douze ans
4. deux euros - douze euros

5c 3回目に聞こえる語をチェックしましょう。
Cochez le troisième mot que vous entendez.

3-29
Exemple : ☑ peu - ☐ pou
1. ☐ doux - ☐ deux
2. ☐ coup - ☐ queue
3. ☐ sous - ☐ ceux
4. ☐ fou - ☐ feu

6 Le petit challenge

質問に答えましょう。*Répondez aux questions.*

Qu'est-ce que vous aimeriez faire ce week-end ?

FAIRE UNE PROMENADE	30%
DORMIR	15%
FAIRE UN BON REPAS	10%
FAIRE LA FÊTE	5%
LIRE	3%
FAIRE DU SPORT	2%
REGARDER LA TÉLÉ	1%
FAIRE DU SHOPPING	1%

Est-ce que tu voudrais faire la fête ?

Est-ce que tu voudrais regarder la télé ?

Tu voudrais partir en vacances de quand à quand ?

Tu voudrais habiter où ?

Tu voudrais quoi ?

Tu voudrais venir à l'université comment ?

Tu aimerais partir en vacances où ?

Tu aimerais partir en voyage avec qui ?

BILAN ④ _____ /100

1 表を見て答えましょう。
Regardez et cochez. ____ / 8

	TAILLE	ÂGE	POIDS
Paul	1 m 90	21 ans	85 kg
Lucie	1 m 65	45 ans	65 kg
Nina	1 m 72	45 ans	85 kg
Léo	1 m 89	50 ans	100 kg

	VRAI	FAUX
a. Paul est le plus grand.	☐	☐
b. Lucie est aussi âgée que Nina.	☐	☐
c. Nina est la plus lourde.	☐	☐
d. Paul est le moins âgé.	☐	☐

2 1の表を見て、**plus, moins, aussi** を入れましょう。
Regardez le tableau de l'activité 1 et complétez par « plus, moins, aussi ». ____ / 4

1. Nina est _____ lourde que Paul.
2. Lucie est _____ âgée que Nina.
3. Paul est _____ grand que Nina.
4. Lucie est _____ lourde que Nina.

3 1の表を見て、質問に答えましょう。
Regardez le tableau de l'activité 1 et répondez aux questions. ____ / 4

1. Qui est le plus grand ?
2. Qui est le plus âgé ?
3. Qui est le moins lourd ?
4. Qui est le plus jeune ?

4 答えましょう。
Répondez. ____ / 8

1. C'est quand ? C'est _____.
   （5月10日から6月23日まで）
2. C'est quand ? C'est _____.
   （7月30日から8月15日まで）
3. C'est quand ? C'est _____.
   （9月8日から10月11日まで）
4. C'est quand ? C'est _____.
   （1月1日から2月7日まで）

5 動詞を現在形で活用させましょう。
Conjuguez au présent. ____ / 20

a. Nous _____ (devoir) téléphoner. b. Vous _____ (pouvoir) partir. c. Je _____ (vouloir) rentrer. d. Tu _____ (vouloir) ça. e. Elles _____ (devoir) venir. f. On _____ (vouloir) du thé. g. Il _____ (devoir) rester ici. h. Elles _____ (vouloir) travailler. i. Je _____ (devoir) finir. j. Nous _____ (vouloir) réussir.

6 動詞を半過去形で活用させましょう。
Conjuguez à l'imparfait. ____ / 20

a. Nous _____ (aller) à la mer. b. Je _____ (devoir) travailler. c. Il _____ (faire) du sport. d. Tu _____ (écouter) la radio. e. Elles _____ (devoir) finir. f. On _____ (finir) tôt. g. Ils _____ (avoir) du temps. h. Elles _____ (être) gentilles. i. Nous _____ (aimer) étudier. j. Vous _____ (regarder) la télévision.

7 適切な語句を入れましょう。
Complétez. ____ / 8

Tu as mal _____ tête et _____ estomac.

Moi, j'ai mal _____ pieds et _____ dos.

8 適切な語句を入れましょう。
Complétez. ____ / 8

Je joue _____ violon et _____ guitare.

Vous faites _____ tennis et _____ judo.

9 並べ替えて正しい文にしましょう。
Retrouvez l'ordre correct. ____ / 12

voir / film / j' / un / français / aimerais

⇒ _____

pas / ils / train / n' / vont / en / y

⇒ _____

10 書き取りましょう。
🎧 Dictée : Écrivez les phrases. ____ / 8
3-30
1. _____
   _____
2. _____
   _____

EXPRIMEZ-VOUS 話してみよう！

situation 1～4を読み、それぞれの situation にあった会話を準備し、演じましょう。
Formez des groupes. Lisez les situations 1 à 4. Imaginez un dialogue pour chaque situation et jouez-les devant vos camarades de classe.

▶ SITUATION 1

Vous voulez partir en voyage avec votre ami. Vous proposez plusieurs choix. Vous discutez et vous décidez où et quand.

Imaginez le dialogue.

▶ SITUATION 2

Vous êtes arrivés à l'hôtel. Vous n'êtes pas contents de la chambre. Vous cherchez sur Internet un autre hôtel. Vous comparez les chambres, les prix, etc.

Imaginez le dialogue.

▶ SITUATION 3

a. Vous réservez par téléphone une chambre d'hôtel dans un petit village. Imaginez le dialogue.

b. Quand vous arrivez dans votre chambre, il n'y a pas de douche. Vous expliquez la situation à la réception de l'hôtel.

Imaginez le dialogue.

▶ SITUATION 4

Vous revenez de vacances. Vous avez fait beaucoup de choses (tourisme, sport, restaurant, etc.)
Vous parlez de vos vacances à un ami. Votre ami vous questionne.

Imaginez le dialogue.

Questions en vrac

informel	formel
1 Tu t'appelles comment ?	Vous vous appelez comment ?
2 Tu habites où ?	Vous habitez où ?
3 Tu as quel âge ?	Vous avez quel âge ?
4 Est-ce que tu es chinois ?	Est-ce que vous êtes chinois ?
5 Est-ce que tu parles l'espagnol ?	Est-ce que vous parlez l'espagnol ?
6 Tu parles quelles langues ?	Vous parlez quelles langues ?
7 Tu viens d'où ?	Vous venez d'où ?
8 Tu fais quoi dans la vie ?	Qu'est-ce que vous faites dans la vie ?
9 Tu étudies quoi ?	Qu'est-ce que vous étudiez ?
10 Qu'est-ce que tu aimes faire ?	Qu'est-ce que vous aimez faire ?
11 Qu'est-ce que tu fais le week-end en général ?	Qu'est-ce que vous faites le week-end en général ?
12 Qu'est-ce que tu vas faire pendant les vacances ?	Qu'est-ce que vous allez faire pendant les vacances ?
13 Tu aimes quelles couleurs ?	Vous aimez quelles couleurs ?
14 Tu habites dans une maison ou un appartement ?	Vous habitez dans une maison ou un appartement ?
15 Ta maison est comment ?	Votre appartement est comment ?
16 Comment on va de l'université jusqu'à chez toi ?	Comment on va de l'université jusqu'à chez vous ?
17 Tu viens comment ici ?	Vous venez comment ici ?
18 Tu veux visiter quels pays ?	Vous voulez visiter quels pays ?
19 Qui est le plus grand dans ta famille ?	Qui est le plus grand dans votre famille ?
20 Qu'est-ce que tu n'aimes pas ?	Qu'est-ce que vous n'aimez pas ?
21 Qu'est-ce que tu faisais hier, à huit heures ?	Qu'est-ce que vous faisiez hier, à huit heures ?
22 Est-ce que tu fais du sport ?	Est-ce que vous faites du sport ?
23 Avec qui est-ce que tu pars en vacances ?	Avec qui est-ce que vous partez en vacances ?
24 Tu prends quoi au petit déjeuner ?	Qu'est-ce que vous prenez au petit déjeuner ?
25 Tu viens ici combien de fois par semaine ?	Vous venez ici combien de fois par semaine ?
26 Tu étudies souvent le français ?	Vous étudiez souvent le français ?
27 Tu te laves souvent ?	Vous vous lavez souvent ?
28 Tu te réveilles à quelle heure ?	Vous vous réveillez à quelle heure ?
29 Il fait quel temps aujourd'hui ?	Quel temps fait-il aujourd'hui ?
30 Il faisait quel temps hier ?	Quel temps faisait-il hier ?
31 Il est quelle heure ?	Quelle heure est-il ?
32 Tu devrais faire quoi ce soir ?	Qu'est-ce que vous devriez faire ce soir ?
33 Ça te dit d'aller au restau ce soir ?	Ça vous dit d'aller au restaurant ce soir ?
34 Tu viens de faire quoi ?	Qu'est-ce que vous venez de faire ?
35 Tu aimerais faire quoi dans le futur ?	Qu'est-ce que vous aimeriez faire dans le futur ?

TEST DE CONJUGAISON

（　）内の動詞を、現在形、複合過去形、そして半過去形に活用させましょう。
Conjuguez les verbes entre parenthèses. (au présent, au passé composé et à l'imparfait.)

1　Je _____ mes devoirs. (faire)

2　Je _____ la vérité. (dire)

3　Nous _____ du sport. (faire)

4　Nous _____ tout. (dire)

5　Vous _____ quoi ? (dire)

6　Vous _____ quoi ? (faire)

7　Ils _____ leur histoire. (dire)

8　Ils _____ du tennis. (faire)

9　Elle _____ tout ! (faire)

10　Il _____ tout ! (dire)

11　Je _____ ici. (rester)

12　J' _____ la porte. (ouvrir)

13　Nous _____ dur. (travailler)

14　Nous _____ ce livre. (offrir)

15　Vous _____ cet exercice. (continuer)

16　Vous _____ la radio. (écouter)

17　Ils _____ la fenêtre. (ouvrir)

18　Ils _____ des problèmes. (causer)

19　Elle _____ Paris. (connaître)

20　Ils _____ le magasin. (garder)

21　Il _____ aujourd'hui. (finir)

22　Pourquoi _____-elles ? (obéir)

23　Tu _____ encore. (grandir)

24　Elles _____ ce livre. (choisir)

25　Ils _____ la bouteille. (finir)

26　Nous _____ mal. (réagir)

27　Je _____ à cette phrase. (réagir)

28　On _____ au chef. (obéir)

29　Je _____ le métro (prendre)

30　Nous _____ un autre plat. (vouloir)

31　Ils _____ le petit déjeuner (prendre)

32　Je _____ de finir le travail (venir)

33　Ils _____ le journal le matin (lire)

34　Tu _____ te reposer. (devoir)

35　Vous _____ l'expliquer. (pouvoir)

36　Je _____ de la discipline. (vouloir)

37　Ils _____ faire des efforts. (devoir)

38　Je ne _____ pas y aller. (pouvoir)

39　Tu _____ à quelle heure ? (partir)

40　Nous _____ nous en souvenir. (devoir)

41　Tu _____ réparer ton erreur. (pouvoir)

42　On _____ jouer avec toi. (vouloir)

43　Il _____ s'occuper de sa famille. (devoir)

44　Ils _____ tout savoir. (pouvoir)

45　Vous _____ quoi ? (vouloir)

46　Je _____ souvent mes amis. (voir)

47　Je _____ mes dettes. (payer)

48　Nous _____ ce colis. (envoyer)

49　Nous _____ que c'est possible. (croire)

50　Vous _____ bien. (voir)

verbes de base

不定詞	現在形
① être	je **suis**, tu **es**, il **est**, nous **sommes**, vous **êtes**, ils **sont**
② travailler	je travaille, tu travailles, il travaille, nous travaillons, vous travaillez, ils travaillent
③ avoir	j'**ai**, tu **as**, il **a**, elle **a**, nous **avons**, vous **avez**, ils **ont**, elles **ont**
④ faire	je **fais**, tu **fais**, il **fait**, elle **fait**, nous **faisons**, vous **faites**, ils **font**, elles **font**
⑤ aller	je **vais**, tu **vas**, il **va**, elle **va**, nous **allons**, vous **allez**, ils **vont**, elles **vont**
⑥ dire	je d**is**, tu d**is**, il d**it**, elle d**it**, nous d**isons**, vous **dites**, ils d**isent**, elles d**isent**
⑦ finir	je finis, tu finis, il finit, nous finissons, vous finissez, ils finissent
⑧ connaître	je connais, tu connais, il connaît, nous connaissons, vous connaissez, ils connaissent
⑨ vouloir	je v**eux**, tu v**eux**, il v**eut**, nous v**oulons**, vous v**oulez**, ils v**eulent**
⑩ prendre	je pr**ends**, tu pr**ends**, il pr**end**, nous pr**enons**, vous pr**enez**, ils pr**ennent**
⑪ partir	je pars, tu pars, il part, nous partons, vous partez, ils partent
⑫ dormir	je dors, tu dors, il dort, nous dormons, vous dormez, ils dorment
⑬ entendre	j'entends, tu entends, il entend, nous entendons, vous entendez, ils entendent
⑭ pouvoir	je p**eux**, tu p**eux**, il p**eut**, nous p**ouvons**, vous p**ouvez**, ils p**euvent**
⑮ venir	je v**iens**, tu v**iens**, il v**ient**, nous venons, vous venez, ils v**iennent**
⑯ voir	je vois, tu vois, il voit, nous vo**yons**, vous vo**yez**, ils voient
⑰ boire	je b**ois**, tu b**ois**, il b**oit**, nous b**uvons**, vous b**uvez**, ils b**oivent**
⑱ écrire	j'écr**is**, tu écr**is**, il écrit, nous écri**vons**, vous écri**vez**, ils écri**vent**
⑲ lire	je l**is**, tu l**is**, il l**it**, nous l**isons**, vous l**isez**, ils l**isent**
⑳ mettre	je mets, tu mets, il met, nous mettons, vous mettez, ils mettent
㉑ croire	je crois, tu crois, il croit, nous croyons, vous croyez, ils croient
㉒ manger	je mange, tu manges, il mange, nous mangeons, vous mangez, ils mangent
㉓ envoyer	j'envoie, tu envoies, il envoie, nous envoyons, vous envoyez, ils envoient
㉔ préférer	je préfère, tu préfères, il préfère, nous préférons, vous préférez, ils préfèrent
㉕ acheter	j' achète, tu achètes, il achète, nous achetons, vous achetez, ils achètent
㉖ devoir	je d**ois**, tu d**ois**, il d**oit**, nous d**evons**, vous d**evez**, ils d**oivent**
㉗ savoir	je sais, tu sais, il sait, nous savons, vous savez, ils savent

verbes de base

不定詞	過去分詞	複合過去形
① être	été	j'ai été, tu as été, il a été, elle a été nous avons été, vous avez été, ils ont été, elles ont été
② travailler	travaillé	j'ai travaillé, tu as travaillé, il a travaillé, elle a travaillé nous avons travaillé, vous avez travaillé, ils ont travaillé, elles ont travaillé
③ avoir	eu	j'ai eu, tu as eu, il a eu, elle a eu nous avons eu, vous avez eu, ils ont eu, elles ont eu
④ faire	fait	j'ai fait, tu as fait, il a fait, elle a fait, nous avons fait, vous avez fait, ils ont fait, elles ont fait
⑤ aller	allé	je suis allé(e), tu es allé(e), il est allé, elle est allée nous sommes allé(e)s, vous êtes allé(e)(s), ils sont allés, elles sont allées
⑥ dire	dit	j'ai dit, tu as dit, il a dit, elle a dit nous avons dit, vous avez dit, ils ont dit, elles ont dit
⑦ finir	fini	j'ai fini, tu as fini, il a fini, elle a fini nous avons fini, vous avez fini, ils ont fini, elles ont fini
⑧ connaître	connu	j'ai connu, tu as connu, il a connu, elle a connu, nous avons connu, vous avez connu, ils ont connu, elles ont connu
⑨ vouloir	voulu	j'ai voulu, tu as voulu, il a voulu, elle a voulu nous avons voulu, vous avez voulu, ils ont voulu, elles ont voulu
⑩ prendre	pris	j'ai pris, tu as pris, il a pris, elle a pris nous avons pris, vous avez pris, ils ont pris, elles ont pris
⑪ partir	parti	je suis parti(e), tu es parti(e), il est parti, elle est partie, nous sommes parti(e)s, vous êtes parti(e)(s), ils sont partis, elles sont parties
⑫ dormir	dormi	j'ai dormi, tu as dormi, il a dormi, elle a dormi, nous avons dormi, vous avez dormi, ils ont dormi, elles ont dormi
⑬ entendre	entendu	j'ai entendu, tu as entendu, il a entendu, elle a entendu nous avons entendu, vous avez entendu, ils ont entendu, elles ont entendu
⑭ pouvoir	pu	j'ai pu, tu as pu, il a pu, elle a pu, nous avons pu, vous avez pu, ils ont pu, elles ont pu
⑮ venir	venu	je suis venu(e), tu es venu(e), il est venu, elle est venue, nous sommes venu(e)s, vous êtes venu(e)(s), ils sont venus, elles sont venues
⑯ voir	vu	j'ai vu, tu as vu, il a vu, elle a vu, nous avons vu, vous avez vu, ils ont vu, elles ont vu
⑰ boire	bu	j'ai bu, tu as bu, il a bu, elle a bu, nous avons bu, vous avez bu, ils ont bu, elles ont bu
⑱ écrire	écrit	j'ai écrit, tu as écrit, il a écrit, elle a écrit, nous avons écrit, vous avez écrit, ils ont écrit, elles ont écrit
⑲ lire	lu	j'ai lu, tu as lu, il a lu, elle a lu, nous avons lu, vous avez lu, ils ont lu, elles ont lu
⑳ mettre	mis	j'ai mis, tu as mis, il a mis, elle a mis, nous avons mis, vous avez mis, ils ont mis, elles ont mis
㉑ croire	cru	j'ai cru, tu as cru, il a cru, elle a cru, nous avons cru, vous avez cru, ils ont cru, elles ont cru
㉒ manger	mangé	j'ai mangé, tu as mangé, il a mangé, elle a mangé, nous avons mangé, vous avez mangé, ils ont mangé, elles ont mangé
㉓ envoyer	envoyé	j'ai envoyé, tu as envoyé, il a envoyé, elle a envoyé, nous avons envoyé, vous avez envoyé, ils ont envoyé, elles ont envoyé
㉔ préférer	préféré	j'ai préféré, tu as préféré, il a préféré, elle a préféré, nous avons préféré, vous avez préféré, ils ont préféré, elles ont préféré
㉕ acheter	acheté	j'ai acheté, tu as acheté, il a acheté, elle a acheté, nous avons acheté, vous avez acheté, ils ont acheté, elles ont acheté
㉖ devoir	dû	j'ai dû, tu as dû, il a dû, elle a dû, nous avons dû, vous avez dû, ils ont dû, elles ont dû
㉗ savoir	su	j'ai su, tu as su, il a su, elle a su, nous avons su, vous avez su, ils ont su, elles ont su

verbes de base

不定詞	半過去形
① être	j'étais, tu étais, il était, nous étions, vous étiez, ils étaient
② travailler	je travaillais, tu travaillais, il travaillait, nous travaillions, vous travailliez, ils travaillaient
③ avoir	j'avais, tu avais, il avait, nous avions, vous aviez, ils avaient
④ faire	je faisais, tu faisais, il faisait, nous faisions, vous faisiez, ils faisaient
⑤ aller	j'allais, tu allais, il allait, nous allions, vous alliez, ils allaient
⑥ dire	je disais, tu disais, il disait, nous disions, vous disiez, ils disaient
⑦ finir	je finissais, tu finissais, il finissait, nous finissions, vous finissiez, ils finissaient
⑧ connaître	je connaissais, tu connaissais, il connaissait, nous connaissions, vous connaissiez, ils connaissaient
⑨ vouloir	je voulais, tu voulais, il voulait, nous voulions, vous vouliez, ils voulaient
⑩ prendre	je prenais, tu prenais, il prenait, nous prenions, vous preniez, ils prenaient
⑪ partir	je partais, tu partais, il partait, nous partions, vous partiez, ils partaient
⑫ dormir	je dormais, tu dormais, il dormait, nous dormions, vous dormiez, ils dormaient
⑬ entendre	j'entendais, tu entendais, il entendait, nous entendions, vous entendiez, ils entendaient
⑭ pouvoir	je pouvais, tu pouvais, il pouvait, nous pouvions vous pouviez, ils pouvaient
⑮ venir	je venais, tu venais, il venait, nous venions, vous veniez, ils venaient
⑯ voir	je voyais, tu voyais, il voyait, nous voyions, vous voyiez, ils voyaient
⑰ boire	je buvais, tu buvais, il buvait, nous buvions, vous buviez, ils buvaient
⑱ écrire	j'écrivais, tu écrivais, il écrivait, nous écrivions, vous écriviez, ils écrivaient
⑲ lire	je lisais, tu lisais, il lisait, nous lisions, vous lisiez, ils lisaient
⑳ mettre	je mettais, tu mettais, il mettait, nous mettions, vous mettiez, ils mettaient
㉑ croire	je croyais, tu croyais, il croyait, nous croyions, vous croyiez, ils croyaient
㉒ manger	je mangeais, tu mangeais, il mangeait, nous mangions, vous mangiez, ils mangeaient
㉓ envoyer	j'envoyais, tu envoyais, il envoyait, nous envoyions, vous envoyiez, ils envoyaient
㉔ préférer	je préférais, tu préférais, il préférait, nous préférions, vous préfériez, ils préféraient
㉕ acheter	j'achetais, tu achetais, il achetait, nous achetions, vous achetiez, ils achetaient
㉖ devoir	je devais, tu devais, il devait, nous devions, vous deviez, ils devaient
㉗ savoir	je savais, tu savais, il savait, nous savions, vous saviez, ils savaient

0 zéro	**1** un	**2** deux	**3** trois	**4** quatre	**5** cinq	**6** six	**7** sept	**8** huit	**9** neuf
10 dix	**11** onze	**12** douze	**13** treize	**14** quatorze	**15** quinze	**16** seize	**17** dix-sept	**18** dix-huit	**19** dix-neuf
20 vingt	**21** vingt et un	**22** vingt-deux	**23** vingt-trois	**24** vingt-quatre	**25** vingt-cinq	**26** vingt-six	**27** vingt-sept	**28** vingt-huit	**29** vingt-neuf
30 trente	**31** trente et un	**32** trente-deux	**33** trente-trois	**34** trente-quatre	**35** trente-cinq	**36** trente-six	**37** trente-sept	**38** trente-huit	**39** trente-neuf
40 quarante	**41** quarante et un	**42** quarante-deux	**43** quarante-trois	**44** quarante-quatre	**45** quarante-cinq	**46** quarante-six	**47** quarante-sept	**48** quarante-huit	**49** quarante-neuf
50 cinquante	**51** cinquante et un	**52** cinquante-deux	**53** cinquante-trois	**54** cinquante-quatre	**55** cinquante-cinq	**56** cinquante-six	**57** cinquante-sept	**58** cinquante-huit	**59** cinquante-neuf
60 soixante	**61** soixante et un	**62** soixante-deux	**63** soixante-trois	**64** soixante-quatre	**65** soixante-cinq	**66** soixante-six	**67** soixante-sept	**68** soixante-huit	**69** soixante-neuf
70 soixante-dix	**71** soixante et onze	**72** soixante-douze	**73** soixante-treize	**74** soixante-quatorze	**75** soixante-quinze	**76** soixante-seize	**77** soixante-dix-sept	**78** soixante-dix-huit	**79** soixante-dix-neuf
80 quatre-vingts	**81** quatre-vingt-un	**82** quatre-vingt-deux	**83** quatre-vingt-trois	**84** quatre-vingt-quatre	**85** quatre-vingt-cinq	**86** quatre-vingt-six	**87** quatre-vingt-sept	**88** quatre-vingt-huit	**89** quatre-vingt-neuf
90 quatre-vingt-dix	**91** quatre-vingt-onze	**92** quatre-vingt-douze	**93** quatre-vingt-treize	**94** quatre-vingt-quatorze	**95** quatre-vingt-quinze	**96** quatre-vingt-seize	**97** quatre-vingt-dix-sept	**98** quatre-vingt-dix-huit	**99** quatre-vingt-dix-neuf
100 cent	**200** deux cents	**300** trois cents	**400** quatre cents	**500** cinq cents	**600** six cents	**700** sept cents	**800** huit cents	**900** neuf cents	**1000** mille
2000 deux mille	**6000** six mille	**10 000** dix mille	**20 000** vingt mille	**100 000** cent mille	**200 000** deux cent mille	**1 000 000** un million	**100 000 000** cent millions	**1 000 000 000** un milliard	**100 000 000 000** cent milliards

les nombres en français

121

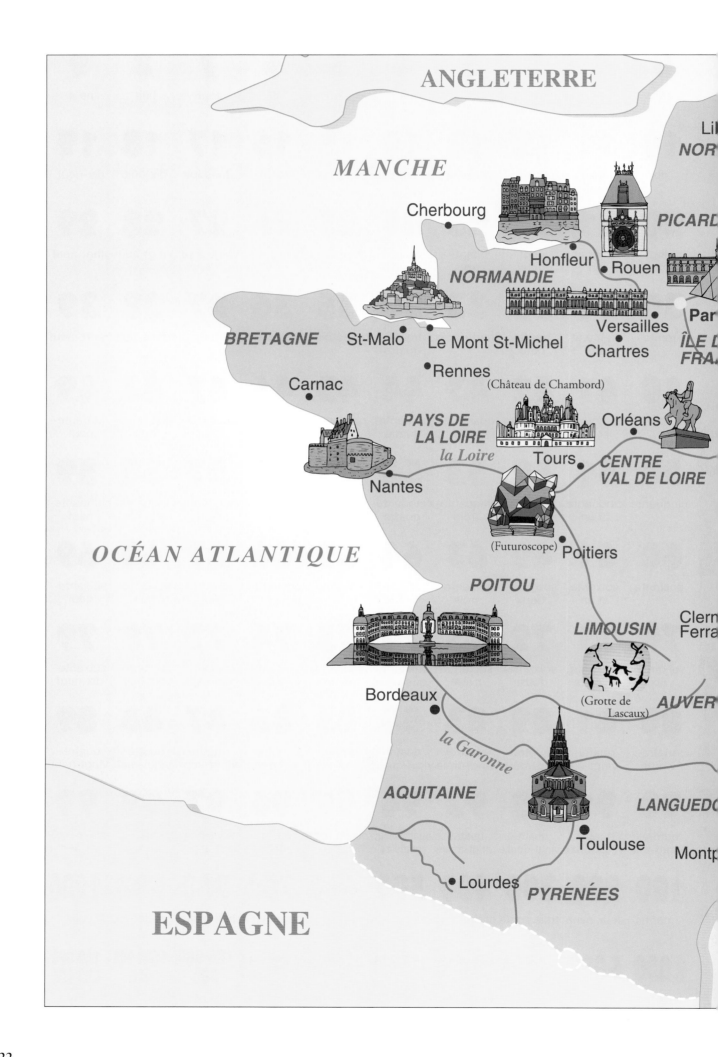

ANGLETERRE

MANCHE

Cherbourg

Li
NOR

PICARD

Honfleur • Rouen

NORMANDIE

BRETAGNE   St-Malo   Le Mont St-Michel

Versailles   Par

Chartres   ÎLE D
FRA

• Rennes

(Château de Chambord)

Carnac

PAYS DE
LA LOIRE

Orléans

la Loire

Tours

CENTRE
VAL DE LOIRE

Nantes

OCÉAN ATLANTIQUE

(Futuroscope)   Poitiers

POITOU

LIMOUSIN

Clern
Ferra

Bordeaux

(Grotte de
Lascaux)

AUVER

la Garonne

AQUITAINE

LANGUEDO

Toulouse   Montp

• Lourdes   PYRÉNÉES

ESPAGNE

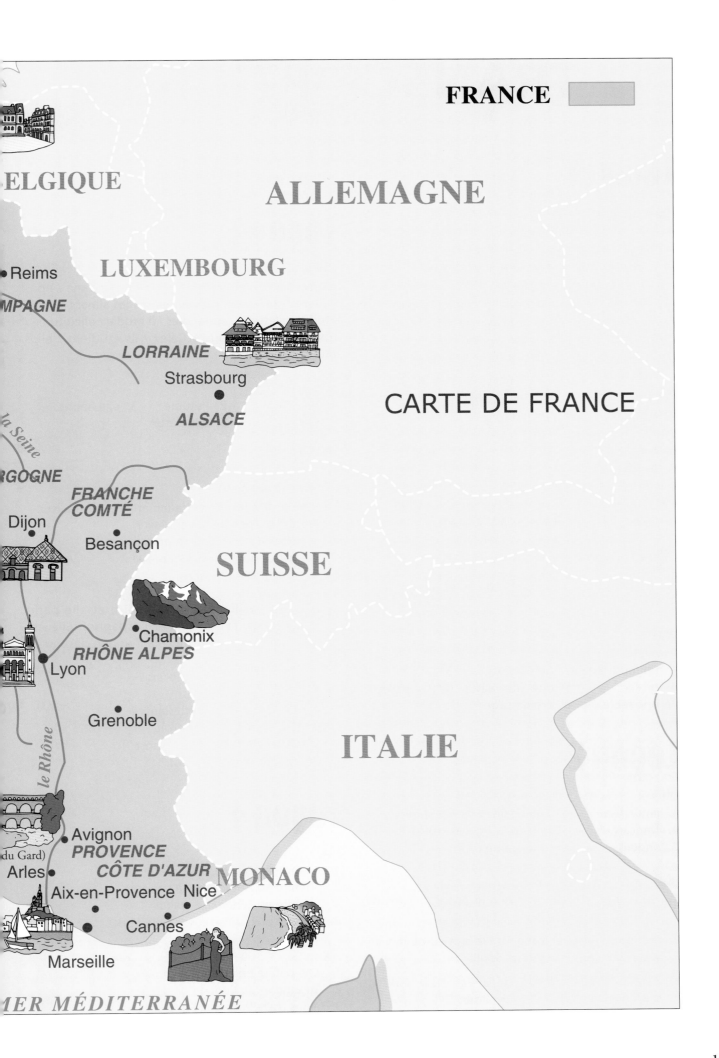

FRANCE

CARTE DE FRANCE

ALLEMAGNE

ELGIQUE

LUXEMBOURG

• Reims

MPAGNE

LORRAINE

Strasbourg
•

ALSACE

la Seine

RGOGNE

FRANCHE
COMTÉ

Dijon

• Besançon

SUISSE

Chamonix
•

RHÔNE ALPES

Lyon
•

Grenoble
•

ITALIE

le Rhône

• Avignon

PROVENCE

(du Gard)

CÔTE D'AZUR

MONACO

Arles •

Aix-en-Provence Nice
•

Cannes
•

Marseille

MER MÉDITERRANÉE

123

TRANSCRIPTIONS

Leçon 1

2a

A. Okinawa (anglais)
B. Okinawa (japonais)
C. Okinawa (français)

2e

1. Salut.
2. Bonjour.
3. C'est Lucie.
4. Au revoir, à bientôt.

3c

1. P.A.R.I.S.
2. N.I.C.E.
3. L.Y.O.N.
4. N.A.N.T.E.S.

4a

un deux trois quatre cinq six

6b

Exemple : un président
1. un biscuit   2. une photo   3. une guitare
4. un dentiste   5. un lion   6. une radio

6c

Exemple : une tomate
1. un musicien   2. une lampe   3. un café
4. un sac   5. une journaliste 6. une banane
7. une table   8. un massage

Leçon 2

4c

1. japonaise   2. américain   3. chinoise
4. français   5. coréen   6. suisse
7. anglais   8. américaine

6d

1. Salut, moi c'est Lucas. Je suis français. Je suis
   étudiant. Je suis de Paris. À bientôt !

2. Bonjour, moi c'est Yong-He. Je suis coréenne. Je
   suis professeure. Je suis de Séoul.

3. Bonjour. Moi, c'est Rose. Je suis de New York, je
   suis américaine. Je suis journaliste.

8b a. huit   b. cinq   c. deux   d. quatre
         e. un   f. dix

Leçon 3

2d

aimer j'aime / tu aimes / il aime / elle aime / nous
aimons / vous aimez / ils aiment / elles aiment
étudier j'étudie / tu étudies / il étudie / elle étudie /
nous étudions / vous étudiez / ils étudient / elles
étudient

2e

1. ils aiment   2. il étudie   3. elle habite
4. elles aiment   5. elle parle

4c

1.
   A : Qui est-ce ?
   B : C'est Mario. Il est italien et il est journaliste.
   A : Est-ce qu'il parle l'anglais ?
   B : Non, il parle l'italien et le français.
   A : Est-ce qu'il aime la musique ?
   B : Oui, il aime le jazz.
2.
   A : C'est Cécilia. Elle est anglaise et elle parle
       l'anglais, le français et l'espagnol. Elle est
       musicienne et elle aime la musique classique.
3.
   A : Éric et Louis sont français ?
   B : Non, ils sont suisses.
   A : Est-ce qu'ils sont étudiants ?
   B : Oui, ils étudient le droit.
   A : Est-ce qu'ils aiment le sport ?
   B : Oui, ils aiment le foot.

Leçon 4

2a

1. J'habite en France, à Marseille.
2. J'habite en Angleterre, à Londres.
3. J'habite au Sénégal, à Dakar.
4. J'habite aux États-Unis, à New York.

2c

1. Elle habite en Suisse.
2. Tu étudies au Canada.
3. Nous travaillons aux États-Unis.

4. Ils habitent au Sénégal.
5. Je travaille à Lyon.
6. Vous étudiez à Tokyo.

4a

onze, douze, treize, quatorze, quinze, seize, dix-sept, dix-huit, dix-neuf, vingt

4b Exemple : 18 - 3
1. 19 - 15   2. 16 – 11   3. 14 – 13   4. 20 - 12

Leçon 5

3b

a. C'est une montre. b. C'est une carte. c. C'est un crayon. d. C'est un sac. e. C'est un ordinateur.
f. C'est une clé. g. C'est une table. h. C'est un stylo.
i. C'est un livre. j. C'est un dictionnaire. k. C'est une gomme. l. C'est une chaise.

4c

Sur la table, il y a un dictionnaire, il y a des clés, il n'y a pas de livre. Il n'y a pas de gomme.
Sur la chaise, il y a un sac et un livre. Il n'y a pas de montre.
Dans le sac, il y a un livre, il y a des clés, il n'y a pas de stylo. Il y a une montre et une gomme.

4e

1. Tu as des cours de français demain ?
2. Tu étudies l'anglais aujourd'hui ?
3. Tu as des amis américains ?

5a

1. 31.   2. 45.   3. 60.   4. 39.   5. 28.   6. 55.
7. 47.   8. 22.   9. 59.   10. 40.   11. 20.   12. 56.

Leçon 6

3a

a. le restaurant b. l'université c. l'exposition d. le parc e. la gare f. la médiathèque g. la banque h. le supermarché i. la poste j. le café k. le cinéma l. les toilettes

4c

1. **Jade** : Je vais à l'université le lundi et le mardi. Le samedi, je reste à la maison et je regarde la télévision. Je vais au cinéma le dimanche.
2. **Hervé** : Moi, je vais à l'université le mardi, le mercredi et le vendredi. Le lundi, je travaille dans un café. Le samedi, je vais au restaurant avec des amis.
3. **Denis** : Moi, je travaille dans une médiathèque le jeudi. Je fais les courses et le ménage le samedi. Le dimanche je reste à la maison.

4. **Dorothée** : Moi, j'étudie le français le mercredi. Je reste à la maison le jeudi et j'écoute de la musique. Le samedi et le dimanche, je travaille dans un supermarché.

Bilan 1 :

9

a. Tu es français ?
b. Est-ce que tu habites à Paris ?
c. J'étudie la sociologie. Et toi ?
d. Est-ce que tu as des amis français ?
e. Qu'est-ce que tu fais le week-end en général ?

10

1. Le dimanche, je reste chez moi.
2. Je n'ai pas de cours de français aujourd'hui.

conjugaison : 1

2

Exemple : ils sont
a. Elles ont.
b. Elles sont.
c. Ils ont.
d. ils sont
e. elles ont

3

1. J'ai un ami français.
2. Ils sont chinois.
3. Nous sommes à Paris.
4. Elles ont un livre.

conjugaison : 2

2

Exemple : Il habite à Paris.
a. Elles aiment le chocolat.
b. Il aime le café.
c. Ils habitent à Rennes.
d. Elles écoutent bien.
e. Il écoute la radio.

conjugaison : 3

2

Exemple : Qu'est-ce que tu dis ?
a. Qu'est-ce que tu fais ?
b. Il dit quoi ?
c. Qu'est-ce qu'elle fait ?
d. Qu'est-ce que vous faites ?
e. Qu'est-ce que vous dites ?

3

1. Tu dis bonjour.
2. Nous faisons du sport.
3. Elle dit au revoir.
4. Qu'est-ce que vous faites ?

conjugaison : 4

2

Exemple : Ils finissent lundi.

a. Il connaît Julie.
b. Elles finissent demain.
c. Elles connaissent la vérité.
d. Il finit dimanche.
e. Elle connaît Charles.

Leçon 7

5b

1. Il est petit et mince. Il est très jeune. Il a 16 ans. Il a les cheveux bruns et court. Il a l'air très gentil.
2. Elle est petite et mince. Elle est âgée, elle a 69 ans. Elle a les cheveux blancs. Elle a l'air calme et intelligente.
3. Elle est jeune. Elle a 27 ans. Elle est grande et mince. Elle a les cheveux bruns et très longs ! Elle est joyeuse et dynamique.
4. Il est grand et beau. Il a les cheveux blonds et très longs. Il a l'air sympathique.

7a

A : Léo, ton numéro de téléphone, qu'est-ce que c'est ?
B : C'est le 090 16 90 48 07.
A : Et toi Patrick ?
C : C'est le 080 15 31 16 84.
A : Et toi Timothée ?
D : C'est le 080 66 45 50 09.
A : Et toi Éléonore ?
E : C'est le 090 20 22 71 37.

Leçon 8

5a

un pantalon vert
une cravate rouge
une robe rose
un pull noir
un T-shirt bleu
une chemise blanche
une jupe jaune
un manteau marron

5d

A : Vous cherchez quelque chose ?
B : Oui, je cherche une robe.
A : Vous voulez une robe en quelle couleur ?
B : Blanche.
A : Vous faites quelle taille ?
B : 40.

A : Alors, nous avons ce modèle.
B : J'aime bien cette robe. C'est combien ?
A : 85 euros.
B : Bon, je la prends.
A : Vous payez comment ?
B : En espèces.

5e

1. B : Bonjour madame, je cherche un manteau.
   A : Un manteau en quelle couleur ?
   B : Gris.
   A : Vous faites quelle taille ?
   B : 46.
   A : Nous avons ce modèle. Il est très beau.
   B : C'est combien ?
   A : 95 euros.
   B : Bon, je le prends.
   A : Vous payez comment ?
   B : Par carte.

2. A : Bonjour mademoiselle. Vous cherchez quelque chose ?
   B : Un pull rose.
   A : Quelle taille ?
   B : 36
   A : Vous aimez ce modèle ?
   B : Ah oui. C'est combien ?
   A : 48 euros.
   B : Je le prends.
   A : Vous payez comment ?
   B : Par carte.

3. A : Bonjour madame. Vous cherchez quelque chose?
   B : Bonjour. Je cherche une jupe bleue.
   A : Quelle taille ?
   B : 40.
   A : Nous avons ce modèle en bleu.
   B : J'aime bien. C'est combien ?
   A : 70 euros.
   B : Je la prends.
   A : Vous payez comment ?
   B : En espèces.

Leçon 9

2g Le matin, je prends du pain, du beurre et de la confiture. Je bois du café ou du thé.

QUESTIONS ;

1. Il prend du thé le matin ?
2. Il prend du fromage le matin ?
3. Il prend du pain le matin ?

4c

1. A : Bonjour madame.
    B : Bonjour, je voudrais du fromage et de la confiture.
    A : Vous en voulez combien ?
    B : 500 grammes de fromage et un pot de confiture, s'il vous plaît.
    A : Et avec ça ?
    B : Je voudrais 3 litres de lait.
    A : Ce sera tout ?
    B : Oui, ce sera tout.
    A : Alors, ça fait 11 euros 40.
    B : Voilà. Merci, au revoir.
    A : Au revoir madame, bonne journée.

2. A : Bonjour monsieur.
    B : Bonjour, je voudrais du jambon.
    A : Vous en voulez combien ?
    B : J'en prends 300 grammes.
    A : Et avec ça ?
    B : Je voudrais un paquet de pâtes.
    A : Ce sera tout ?
    B : Ah, je prends aussi une douzaine d'œufs. Ce sera tout.
    A : Alors, ça fait 9 euros 80.
    B : Voilà. Merci, au revoir.
    A : Au revoir monsieur, bonne journée.

5b

Le modèle MX 670 est à 140 euros.
Le modèle MX 760 est à 450 euros.
Le modèle EX 890 est à 830 euros.
Le modèle EX 980 est à 1100 euros.

Leçon 10

2e

1. Thomas est entre Mario et Mila.
2. Jean est devant Mila et à côté d'Emma.
3. Mario est derrière Zora et devant Lola.
4. Anne est derrière Mila et à côté de Luc.

3b   a. 1999   b. 1844   c. 2024   d. 1657

4c

Voici mon appartement. La cuisine est au fond (du couloir), à gauche. Le séjour est au fond (du couloir) à droite. La chambre est à gauche de l'entrée. Le bureau est entre la chambre et la cuisine. Les toilettes sont à droite de l'entrée, en face de la chambre. Et la salle de bains est entre le séjour et les toilettes.

5b

Au nord-est de la France, il y a la Belgique. À l'est de la Belgique et au nord-est de la France, il y a l'Allemagne. À l'est de la France et au sud de l'Allemagne, il y a la Suisse. Au sud de la Suisse, il y a l'Italie. L'Espagne est au sud-ouest de la France. Au nord de la France, il y a l'Angleterre. Et puis, à l'ouest de la France, il y a l'Océan Atlantique. Le Luxembourg est entre la France, la Belgique et l'Allemagne, au nord-est de la France.

Leçon 11

3a

Exemple: Passez devant la librairie et tournez à gauche au café.

1. Passez devant le café et tournez à gauche au feu.
2. Passez devant la boucherie et tournez à droite à la pâtisserie.
3. Passez devant la poste et tournez à droite à la boucherie.
4. Passez devant la pharmacie et tournez à gauche à la librairie.

3c

A : Est-ce qu'il y a une fromagerie près d'ici ?
B : Oui, allez tout droit et tournez à gauche à la pâtisserie.
    Ensuite, traversez la place et continuez un peu.
    Et puis, tournez à droite au cinéma. C'est sur votre gauche.

3e

1. Allez tout droit et tournez à gauche au feu rouge. Ensuite, tournez à droite à la librairie. Passez devant le cinéma. C'est sur votre gauche.
2. Tournez à droite au café, ensuite tournez à gauche à la poste. Traversez la place, et après la place, C'est en face du restaurant Léon.
3. Tournez à gauche au café. Ensuite, tournez à droite à la boucherie. C'est sur votre gauche.

Leçon 12

3c

Exemple : La Fête nationale, c'est le 14 juillet.

1. Mon anniversaire, c'est le 20 septembre.
2. Aujourd'hui, nous sommes le 15 novembre.
3. La saint Valentin, c'est le 14 février.
4. Je pars le 1er mars.

4c

Exemple : Paul est français ?
    → Est-ce que Paul est français ?

1. Tu vas au cinéma ce soir ?
2. Tu parles le chinois ?
3. Tu étudies l'économie ?

4. Il aime le sport ?
5. Elle fait la cuisine ?

5e

1. Demain, Fred va à Paris avec Nana.
2. Le 12 septembre, Greg part en Italie avec Thomas.
3. Dimanche, Gina regarde un film au cinéma avec Sylvain.

5f

QUESTIONS :

1. Gina fait quoi dimanche ?
2. Greg part quand en Italie ?
3. Qui va à Paris ?
4. Quand est-ce que Fred et Nana vont à Paris ?
5. Sylvain regarde un film avec qui ?

Bilan 2

7

1. Je prends cette jupe, ces cravates et ce manteau.
2. Laurent a l'air gentil et intelligent.

8

Marc est grand, il a les cheveux bruns. Il est courageux et ambitieux. Il est très gentil. Il a 60 ans mais il a l'air jeune.

conjugaison : 2

②

Exemple : Il peut venir.
a. Elles veulent partir.
b. Il veut sortir.
c. Elle peut comprendre.
d. Il veut comprendre.
e. Ils peuvent attendre.

③
1. Elle veut comprendre la leçon.
2. Nous pouvons payer cette robe.
3. Ils veulent étudier l'économie.
4. Je ne veux pas aller au supermarché.

conjugaison : 3

②

Exemple : Ils vont à Lille.
a. Elles viennent ici.
b. Il vient demain.
c. Ils vont à Paris.
d. Il va à Paris.
e. Ils viennent lundi.

③
1. Nous allons à Paris.
2. Tu viens avec moi.
3. Il devient rouge.
4. Elles viennent de Tokyo.

conjugaison : 4

② **Exemple :** Ils partent demain.
a. Elle part demain.
b. Ils dorment chez moi.
c. Elles partent bientôt.
d. Elle dort chez toi.
e. Il ment, c'est certain !

Leçon 13

2b

Il pleut à Paris. Et il ne fait pas chaud. Il fait 16 degrés.
À Lille aussi, il pleut et il fait un peu froid. Il fait 10 degrés.
À Nantes, il fait orageux. Il fait 18 degrés.
À Chamonix, il neige, et il fait très froid. Il fait 2 degrés.
À Bordeaux, il fait nuageux et humide. Il fait 20 degrés.
Mais à Marseille, il fait très beau et chaud. Il fait 27 degrés.

3b

a. Il est une heure dix.
b. Le cours de français commence à 11 heures et quart
c. Je pars à 8h20.
d. Il est quelle heure ? 4 heures moins le quart ?
e. Je rentre à 7 heures moins vingt.
f. Nous mangeons à midi et demi.

3d

M. Simon, votre rendez-vous avec le directeur est à une heure et demie.

M. Da Silva, vous avez rendez-vous avec un client à onze heures, salle 9.

Mme Sicaud, votre rendez-vous est demain à trois heures et demie.

Mme Sissy, vous avez rendez-vous à onze heures et quart.

4a

1. [aʃ aʃ aʃ   aʃi aʃi aʃi]
2. [asss asss asss   asssi asssi asssi]
3. hachis hachis hachis - assis assis assis
4. chic chic chic - sic sic sic

4b

Exemple : ciné
1. Chine
2. cinéma
3. signe
4. chimie
5. chinois
6. six noix

Leçon 14

2e

Zoé se réveille à 6 heures. Elle se lave à 6 heures 30 et elle se maquille à 6 heures 45. Ensuite elle s'habille à 7 heures. Et elle part à 7 heures 10. Le soir, elle rentre à 19 heures. Et elle se couche à minuit.

5c

Marie et Luc s'aiment beaucoup. Ils se voient tous les jours. Ils s'embrassent et ils se disent « Je t'aime. » tout le temps. Ils s'envoient des mails tous les matins, et ils se téléphonent tous les soirs.

6a

1. h - h - âge
2. bouche - bouche - bouge
3. chant - chant - jean
4. chat - chat - j'habite
5. cheveux - cheveux - je veux
6. j'aime - aujourd'hui - jeudi

6b

1. badge   2. registre   3. bridge   4. un jean
5. Je joue   6. le geste

Leçon 15

3e

A : Qu'est-ce que tu offres à ta mère à Noël ? Une montre ?

B : Non, je ne lui offre pas de montre. Je lui offre des verres. Je ne lui offre pas de table non plus.

A : Et à Luc et Clémentine, tu leur offres quelque chose ?

B : Oui, je leur offre des livres.

A : Tu ne leur offres pas de stylo ?

B : Non, pas de stylo.

Leçon 16

2d

1. J'ai mangé.
2. Je travaille.
3. J'ai téléphoné à Olivier.
4. Je fais mes devoirs.
5. J'ai 19 ans.
6. J'ai fait les courses.

2e

Le matin, Paul a mangé un sandwich. Puis, il a vu des amis. Après, il a fini ses devoirs. L'après-midi, il a fait la cuisine et il a dormi un peu.

2f

1. J'ai fini mon travail.
2. Tu as travaillé samedi ?
3. Nous avons pris un sandwich.
4. Il a fait le ménage.
5. Vous avez vu le film ?
6. Elles ont aimé le cadeau ?

2g

Denis a mangé une crêpe avant-hier. Il a fait le ménage hier matin. Il a vu un film hier soir. Il a téléphoné à Claire ce matin. Et cet après-midi, il a pris un café.

Leçon 17

4a

Léonard est allé en France il y a 4 ans. Il est entré à l'université de Paris il y a 3 ans. Il est devenu journaliste l'année dernière et il est rentré au Japon le mois dernier. Mais il est parti aux États-Unis la semaine dernière.

5b

Exemple : Ça va ?
1. J'ai bu.   2. Je vois.   3. Il est beau.
4. Habiller.   5. J'ai vu.

Leçon 18

3d

1. Le 10 avril, Julie s'est promenée dans un parc avec Lucien.
2. En été, Mélanie et Stan sont allés à la plage avec des amis.
3. Simon a voyagé en France seul en hiver.

Bilan 3

conjugaison : 2

2

Exemple : Il met son manteau.
a. Elle bat sa sœur.
b. Ils mettent leurs manteaux.
c. Il met la table.
d. Elles battent les œufs.
e. Est-ce qu'elle met du temps ?

3

1. Je mets mon manteau.
2. Est-ce qu'ils se battent ?
3. Nous ne mettons pas la table.
4. Tu mets combien de temps ?

conjugaison : 3

②

Exemple : Il voit / Ils voient Marie.

a. Elle croit en Dieu.
b. Elles croient en Dieu.
c. Elles voient leurs amies.
d. Elle voit ses amies.
e. Elles se voient demain.

③

1. Je vois mon frère mercredi.
2. Il envoie une carte à sa mère.
3. Est-ce que tu crois à cette histoire ?
4. Ils se voient samedi.

conjugaison : 4

②

Exemple : Ils envoient une lettre.

a. Elle envoie un colis.
b. Ils ne paient pas l'addition.
c. Il envoie une lettre.
d. Est-ce qu'elles paient l'addition ?
e. Ils envoient une carte à Noël.

Leçon 19

3c

Le cours 1 est le plus difficile. Le cours 3 est moins difficile que le cours 1 mais il est plus difficile que le cours 2.
Le cours 2 est le plus intéressant et le cours 3 est le moins intéressant.
Le cours 1 est le plus utile. Le cours 2 est moins utile que le cours 1 mais plus utile que le cours 3.
Le cours 1 est plus fatigant que le cours 2 mais moins fatigant que le cours 3.

Leçon 20

2c

Exemple : Il habite - Il habitait.

1. J'aime bien ce film. - J'aime bien ce film.
2. Tu habites à Nice ? Tu habitais à Nice ?
3. Inès chantait bien. Inès chante bien.
4. Vous allez au cinéma. Vous alliez au cinéma.
5. Tu regardais souvent la télévision ?
   Tu regardais souvent la télévision ?
6. Elle travaille à Paris. Elle travaillait à Paris.

2d

Exemple : Paul travaillait à Lille.

1. J'aime ce film.
2. Tu aimais ce livre.
3. Elle restait longtemps.
4. Tu rentres tôt.

5. J'avais 18 ans.
6. Il habite à Paris.

3c

Exemple : J'habitais

1. j'aime
2. j'ai aimé
3. je faisais
4. j'ai fait
5. je changeais
6. j'ai changé
7. vous chantiez
8. vous chantez

3d

A : Que faisiez-vous le 23 novembre entre 10h et 11h ?
B : Le matin ? J'étais chez moi. Je lisais.
A : Que faisiez-vous entre 15h et 17h ?
B : Entre 15h et 17h, j'étais à l'université. Je faisais du tennis. Pourquoi ?
A : Vous étiez chez vous entre 22h et minuit ?
B : Non, j'étais au cinéma. Je regardais « les Monstres ». C'était très bien d'ailleurs.

Leçon 21

2a

1. En été, je fais de la natation.
2. En automne, mes amis font du tennis.
3. Au printemps, Louise fait de la danse.
4. En hiver, nous faisons du ski.

2d

1. Je joue du piano avec mon frère.
2. Marie joue du violon seule.
3. Nous jouons de la flûte ensemble.
4. Jean joue de la guitare.

2f

A : Omar, est-ce que tu fais du sport ?
B : Oui bien sûr. Moi, j'adore le foot. Je fais du foot trois fois par semaine.
   Je fais aussi de la natation, mais seulement une fois par semaine. Et toi Clémentine ?
A : Moi, je n'aime pas beaucoup le sport.
   Mais je fais de la marche de temps en temps.
   Et comme j'aime la musique, je joue du piano tous les jours.
B : Moi, je joue de la guitare de temps en temps.

3a

Les Cozon vont à la mer en été. Ils bronzent sur la plage.
Les Gaillard vont à la montagne en juillet. Ils font du camping et de la marche.

Les Legrand vont à l'étranger au printemps. Ils vont en ville et font du tourisme.
Les Martin restent à Paris en août. Ils font du bricolage et ils lisent.

Leçon 22

2d

Exemple : Mélanie a mal aux yeux. Hier, elle a travaillé avec son ordinateur pendant huit heures.
1. Aujourd'hui, Clément a mal à la tête. Il a trop bu hier.
2. Lucien a mal aux bras parce qu'il a fait du tennis pendant cinq heures hier.
3. Christelle a mal aux pieds. Elle a marché trois heures hier.
4. Laurence a mal à la gorge. Elle a un rhume.

4d

Exemple : Vous prenez ces médicaments trois fois par jour, avant les repas, pendant trois jours.
1. Vous prenez ces médicaments une fois par jour, avant de vous coucher, pendant une semaine.
2. Prenez ces médicaments trois fois par jour, après les repas, pendant quatre jours.
3. Prenez ces médicaments deux fois par jour, le matin et le soir, pendant trois jours.
4. Vous allez prendre ces médicaments trois fois par jour, entre les repas, pendant cinq jours.

5c

Exemple : C'est long.
1. Mon oncle fait du vélo.
2. Il donne une fleur.
3. Ils sont bons.
4. Ils vont à Châlons.
5. On a deux savons.
6. Ils sonnent.

Leçon 23

2a

1. A : Ça te dit de voir une exposition demain ?
   B : Désolée, mais demain, je suis prise.
2. A : On pourrait aller au cinéma ce soir.
   B : C'est une bonne idée. Qu'est-ce que tu veux voir ?
3. A : Je vais voir un match de foot dimanche. Vous venez avec moi ?
   B : Un match de foot ? Je n'aime pas beaucoup le foot.
4. A : Tu es libre demain ? On va à la mer ensemble ?
   B : Pourquoi pas ? Il va faire beau demain.

2c

1. A : Je vais aller à la mer samedi. Tu viens avec moi ?
   B : Avec plaisir.
2. A : Tu es libre ce soir ? On va au concert de jazz ?
   B : Désolée, mais je ne peux pas.
3. A : Ça vous dit d'aller voir un match de tennis ?
   B : Désolé, je n'aime pas beaucoup le sport.
4. A : On pourrait aller voir une expo demain.
   B : Une exposition ? Pourquoi pas !

2f

A : Je vais voir un match de foot. Tu viens avec moi ?
B : J'aime bien le foot. C'est quand ?
A : Samedi.
B : À quelle heure ?
A : À 18 heures.
B : Ok, on se retrouve où ?
A : On se retrouve devant le stade.
B : À samedi alors.
A : À samedi.

3b

1. Tu pourrais acheter des carottes, s'il te plaît ?
2. Tu pourrais téléphoner au directeur ce soir, s'il te plaît ?
3. Vous pourriez attendre un peu, s'il vous plaît ?
4. Vous pourriez écrire votre nom, s'il vous plaît ?

4c

Exemple : Il est blond.
1. C'est lent.
2. C'est un pont.
3. C'est un banc.
4. C'est sans problème.
5. C'est long.
6. C'est son problème.

Leçon 24

3a

A : Allô ! Restaurant Chez Romain, bonjour.
B : Bonjour, je voudrais réserver une table.
A : C'est pour quand ?
B : Demain soir.
A : À quelle heure ?
B : À 20 heures.
A : Pour combien de personnes ?
B : 4 personnes.
A : C'est à quel nom ?
B : Martin.
A : C'est noté. Merci monsieur.

3b

1. Allô ? Je voudrais réserver une table pour samedi soir, à 19 heures. C'est pour deux personnes.
2. Allô ? Bonsoir, je voudrais réserver une table pour 4 personnes, dimanche à midi. C'est possible ?

3. Allô ? Bonjour, je voudrais réserver une table pour cinq personnes. C'est pour demain soir, à 20 heures. Merci.

4b

1. Marion va à l'université en métro.
2. Philippe et Chloé vont au supermarché en voiture.
3. Nous allons à Nice en avion.
4. Je vais à la poste à pied.

5c

Exemple : un peu - un pou — un peu
1. doux - deux — deux
2. un coup - une queue — un coup
3. sous - ceux — ceux
4. fou - feu — fou

Bilan 4

10

1. Tu voulais aller à la montagne mais tu avais mal aux pieds.
2. Je joue de la musique tous les jours.

写真クレジット一覧（順不同）

OSTILL is Franck Camhi / Shutterstock.com, Subodh Agnihotri / Shutterstock.com, mikecphoto / Shutterstock.com, Mihai_Andritoiu / Shutterstock.com, Songquan Deng / Shutterstock.com, Pierre Jean Durieu / Shutterstock.com, Gimas / Shutterstock.com, GiulianiBruno / Shutterstock.com, Isogood_patrick / Shutterstock.com, Takashi Images / Shutterstock.com, Cerovsek Barbara / Shutterstock.com, Jaidyn / Shutterstock.com, dade72 / Shutterstock.com, Petr Kovalenkov / Shutterstock.com, Sorbis / Shutterstock.com, artistan / Shutterstock.com, Valery Egorov / Shutterstock.com, Pack-Shot / Shutterstock.com
AFP＝時事(p.11), 写真：AP/アフロ(p.37)

マエストロ 1　実践フランス語　初級

検印
省略

©2020年1月15日　初 版 発 行
2024年1月30日　第七刷発行

著　者　　　　　　北村亜矢子
　　　　　　　　　Durrenberger Vincent

発行者　　　　　　原　雅久
発行所　　　　　　株式会社　朝日出版社
　　　〒101-0065 東京都千代田区西神田 3-3-5
　　　　　　　電話　(03) 3239-0271/72
　　　　　　　振替口座　00140-2-46008
　　　　　　　http://www.asahipress.com/
　　　　　　　メディアアート／図書印刷

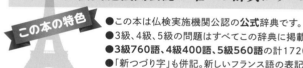